수류화개

水流花開

수류화개

水流花開

김봉규 지음

봄에는 꽃이 피고
겨울엔 눈 내리네

봄날이 찾아오면 반가운 꽃들이 다투어 피어난다. 온갖 초목의 새싹도 마찬가지다. 이런 꽃이나 신록과 함께하면 살아 있음의 기쁨으로 마음이 충만해진다. 행복하지 않을 수 없다. 여름, 가을, 겨울에도 다를 것이 없다.

행복이란 무엇일까. 어떻게 살아가야 할까. 예쁜 봄꽃과 생기 넘치는 신록이 주변에 가득한데도 이들과 함께하지 못한다면, 행복한 삶의 많은 부분을 잃게 될 것이다. 자연과 더불어 자연을 닮아가며, 자연스럽게 살아가는 삶이 행복한 삶이 아닐까 싶다.

물 흐르고 꽃이 피는 자연을 가까이하지 않고 진정 행복한 삶을 누릴 수 있을까. 자연과 점점 멀어지는 현대 자본주의와 물질문명의 물결에 휩쓸려 진정으로 행복한 삶과는 점점 멀어지는 사람이 적지 않은 것 같다. 인타까운 일이다. 세계직 식학들도 자본주의가 계속 세계를 지배하면 재앙을 면하지 못할 것이라 경고하고 있다.

2022년 2월부터 12개월 동안 매월 직접 보고 싶은 꽃과 나무를 찾아 전국을 돌아보았다. 매화, 진달래, 이팝나무, 해당화, 연꽃, 배롱나무, 은행나무, 자작나무 등을 찾아 진정 행복한 시간을 보냈다. 여기에다 그 전에 찾아본 몇몇 꽃과 나무를 더해, 그 풍광을 보며 느낀 감흥과 초목에 담긴 이야기를 정리했다.

독자들이 물 흐르고 꽃이 피는 '수류화개(水流花開)'의 세상과 더욱더 가까이하는 계기가 되기를 바란다. 그리고 미흡한 원고를 멋진 책으로 만들어준 담앤북스 가족들에게 감사의 마음을 전한다.

'공산무인(空山無人)'과 함께 쓰는 '수류화개'라는 말은 많은 이들이 좋아하는 글귀다. 옛사람들도 애용했다. 김정희는 서예 작품으로 남겼고, 화가 김홍도와 최북은 이를 주제로 그림을 그리고 화제(畫題)로도 썼다. 이 글귀를 자주 사용한 법정 스님은 자신의 거처에도 '수류화개실'이란 당호를 달았다. 필자도 거실에 '수류화개실' 서각 현판을 달아놓았다.

이 글귀의 출처는 중국 송나라 문인 소식(1037~1101)이 부처의 제자인 18나한을 칭송한 시 「십팔대아라한송(十八大阿羅漢頌)」이라고 한다. 그리고 그 제자인 황정견(1045~1105)은 이 구절을 인용한 시 「수류화개」를 지었다.

만 리 푸른 하늘에
구름 일고 비가 내리네
사람 없는 텅 빈 산에
물 흐르고 꽃이 피네

2024년 3월 수류화개실에서
운산(雲山) 김봉규

차
례

꽃
의
장

나무의 장

나막신 신고 뜰을 거니노라니 달이 사람을 따라오네

매화 언저리를 몇 번이나 돌았던고

밤 깊도록 오래 앉아 일어나기를 잊었더니

옷 가득 향기 스미고 달그림자 몸에 닿네

꽃의 장 *

*
매
화

탐 매 의

즐 거 움

    그 꼬리를 차츰 거두어들이는 추위 속에서 매화 덕분에 각별한 즐거움을 누리는 사람이 적지 않을 것이다. 2월로 접어들어 남녘에서부터 매화 개화 소식이 날아들기 시작하면, 매화를 사랑하는 사람들의 마음은 설렐 수밖에 없다.

    추위가 덜 가신 날씨 속에 일찍 매화를 선보이는 매화나무는 일시적으로 따뜻한 기운에 힘을 받아 보다 일찍 몇 송이 꽃봉오리를 터뜨렸다가, 날씨가 추워지면 그 상태로 움츠린다. 따뜻한 날씨를 기다리다 때가 되면 다시 개화를 진행한다.

*
어두운 밤 불빛에 자태를 드러낸 백매화.

매화가 본격적으로 피어나기 전인 이때 매화에 대한 마음이 특히 간절하다. 그래서 이 시기에는 꽃봉오리가 맺힌 매화 가지를 잘라 화병에 꽂아두고, 매일 집안에서 마주하며 즐긴다. 2월에는 해마다 이렇게 꺾어온 매화 가지와 함께한다. 매화 가지를 한번 꺾어와 꽂아두면, 일주일 정도 황홀한 향기와 기품 있는 꽃의 자태를 마음껏 즐길 수 있다.

매화 향기는 맑고 그윽하다. 밖에서 시간을 보내다 집안에 들어설 때 특히 그 향기를 강하게 느낄 수 있다. 그리고 늦은 밤이나 이른 아침에 홀로 매화와 함께하면 최고다. 이럴 때는 매화가 그 향기를 일정하게 뿜는 것이 아니라, 한 번씩 강하게 내뿜는 것임을 확실하게 느끼는 각별한 즐거움을 맛볼 수 있다.

가까운 고향 매화밭에서 두어 번 매화 가지를 꺾어와 곁에 두고 이렇게 달콤한 시간을 누리다 보면, 어느새 야외의 매화들이 본격적으로 피어나면서 매화 천지로 변해간다. 그러면 보고 싶은 매화를 찾아 나선다.

요즘은 어디에 살든 주변에서 쉽게 매화를 즐길 수 있다. 대구 중심가에 있는 국채보상공원에 가면 청매, 홍매, 백매가 그 자태를 다투며 피어나는 것을 만날 수 있다. 가지를 수양버들처럼 늘어뜨린 수양매도 곳곳에 있다. 이곳에서는 어느 곳보다 일찍 꽃봉오리를 터뜨리는 매화를 만날 수 있다. 10여 년 전 친구들과 매화가 한창 피어나던 이곳에서 '매화음(梅花飮)'을 즐겼던 기억이 새롭다.

해마다 이른 봄이면 탐매객의 발길을 끌어들이는 대표적 고매(古梅)가 전국 곳곳에 있다. 매화 애호가들의 많은 사랑을 받는 고매는 특히 산사에 많다. 구례 화엄사 각황전 앞 홍매, 승주 선암사 고매(선암매), 양산 통도사 홍매(자장매), 장성 백양사 홍매(고불매) 등이 대표적이다.

다른 많은 매화 애호가처럼 나 역시 화엄사 각황전 앞 홍매를 각별히 좋아한다. 진하면서도 맑은 붉은색 꽃을 피우는 이 홍매는 꽃도 홑꽃으로 아름답다. 나무 모양도 준수하다. 그리고 주변의 오래된 한옥인 각황전이나 영산전 등과 어우러져 특별한 아름다움을 선사한다. 사람들이 너무 많이 찾아 호젓하게 즐기기 어려운 경우가 많다는 점이 아쉽기는 하다. 이 홍매는 1702년 현재의 각황전을 중건할 때 심은 것으로, 수령이 300년을 훨씬 넘는다. 이 홍매는 2024년 1월 천연기념물로 지정되었다.

화엄사 부속 암자인 길상암 앞에는 더 오래된 매화나무가 있다. 450년 정도 수령의 이 백매는 울창한 숲속에서 자라서인지,

*
승주 선암사 백매화. 수령이 600년이나 된, 보기 드물게 큰 이 고매는
꽃이 매우 성글게 피어 더욱 고귀해 보인다.

*
화엄사 길상암 화엄매. 450년 정도 됐다는 이 매화나무는
울창한 숲속에서 자라서인지, 소박하고 자연스러우며 꽃
도 작은 편이다.

소박하고 자연스러우며 꽃도 작은 편이다. 그리고 위를 쳐다보지 않으면 매화나무인지도 모를 자태로 주변의 숲과 어우러져 각별한 분위기와 멋을 선사한다. 천연기념물로 지정된 이 백매는 각황전 홍매와 함께 '화엄매'로 불린다.

선암사에는 고매가 특히 많다. 역시 천연기념물인 원통전 앞 백매는 600년 정도 된 고매로, 지금도 온전한 형태의 나무 전체가 건강한 모습을 자랑한다. 보기 드물게 큰 이 매화나무는 꽃이 매우 성글게 피어 더욱 고귀하게 보인다. 이 옆에 무우전(無憂殿) 돌담을 따라 수백 년 된 홍매와 백매 20여 그루가 봄만 되면 진하고 맑은 향기를 뿜어낸다. 선암사의 한 스님은 이곳에서 매화나무들이 한창 꽃을 피우면 멀리 떨어진 선암사 입구에만 들어서도 그 향기를 맡을 수 있다고 이야기한다.

'고불매(古佛梅)'라 불리는 백양사 홍매는 수령이 350년 정도로 추정되는데 담홍색 꽃을 피운다. 1863년에 사찰을 현재의 위치로 옮겨 지을 때, 100미터쯤 떨어진 옛 백양사 터에 있던 홍매와 백매 한 그루씩을 같이 옮겨 심었다. 하지만 백매는 죽어버리고 지금의 홍매만 살아남았다고 한다. 1947년에 백양사 고불총림(古佛叢林)을 결성하면서 고불매라는 이름을 붙이게 되었다.

통도사의 '자장매(慈藏梅)'는 수령 350년이 넘은 홍매다. 1650년을 전후한 시기에 통도사 스님들이 사찰을 창건한 자장율사의 큰 뜻을 기리기 위해 심은 나무라고 전한다. 이 자장매는 다른 산사의 고매보다 일찍 꽃을 피우기 때문에 매화 애호가들의 발길을 먼저 끌어들이는 주인공이 되고 있다.

화엄사

홍매를 찾아

그동안 가장 많이 찾았던 고매는 화엄사 홍매와 선암사 매화다. 몇 해 전 화엄사 홍매를 찾았던 때의 감흥을 떠올려본다.

화엄사 각황전 옆 홍매는 꽃의 빛깔이 검은빛이 돌 정도로 붉어 '흑매'라는 이름도 붙었다. 제때 맞춰 가서 그 자태와 향기를 온전히 만끽하겠다는 생각을 하고 있던 매화였다.

매화와 산수유꽃만 보이는 이른 봄날, 화엄사를 찾았다. 화엄사에는 매화나무가 곳곳에 있다. 각황전 홍매에게 가기 전, 그 아래 청풍당(淸風堂) 담장 앞 홍매가 먼저 반갑게 맞았다. 한창 꽃을 피우고 있는 홍매는 맑고 청초한 연분홍빛이었다. 담장 밖 화단에 자연스럽게 자란 고목 매화나무에 꽃을 피운 모습이라, 소박하면서도 친근한 맛과 멋이 좋았다.

*

구례 화엄사의 각황전 옆 홍매화.
1702년 지금의 각황전 건립 때 심었다고 한다.

각황전 홍매화의 자태.
*

각황전 홍매를 빨리 보고 싶은 마음에 발길을 돌려 각황전 쪽으로 향하는데, 맞은편에 백매화가 눈에 들어왔다. 만월당(滿月堂) 앞마당 한가운데 홀로 서 있는 매화에게 다가갔다. 나무 모양이 살짝 아쉬웠지만, 향기는 최고였다. 백매도 꽃이 한창이었다. 향기가 너무 좋아 한참 동안 즐겼다. 한낮이었지만 보름달 뜬 밤 만월당 마루에 앉아 백매와 함께한다면 얼마나 좋을까 생각하기도 했다.

　　각황전으로 다시 향했다. 보제루를 돌아 대웅전 앞마당에 올라서자, 멀리 각황전 홍매가 눈에 들어왔다. 300년이 넘은, 우리나라 최대 목조 사찰 전각인 각황전 옆에 붉은 꽃을 피우고 있는 홍매의 모습을 멀리서 한참 바라보았다. 연꽃봉우리가 연상되기도 했다. 각황전 앞 계단을 올라 홍매와 마주했다.

　　각황전과 영산전 사이에 선 이 홍매는 매화나무로서는 보기 드물게 아름다운 자태를 지닌 고목이다. 특히 꽃의 빛깔이 압권이었다. 꽃은 핏빛의 붉은색이지만, 탁하지 않고 맑은 빛이다. 이처럼 맑은 붉은색 홍매는 본 적이 없다. 거기다가 꽃잎도 다섯 개의 홑꽃이었다. 작으면서도 정갈하고 기품 있는 매화였다. 요즘 주위에서 많이 보는, 꽃잎이 많고 빛깔도 탁한 홍매와는 차원이 달랐다. 그리고 단청 없는 목조건물인 각황전과도 너무나 잘 어울렸다. 나무 모양이나 생태도 일반 매화와 달랐다. 나뭇가지도 부드럽고 적당히 늘어져 매우 아름다웠다.

매화를 보고 또 보았다. 각황전을 배경으로 해서 보고, 뒷산의 동백숲에 겹쳐 보기도 했다. 파란 하늘을 배경으로 보기도 하면서 마음껏 감상했다. 다행히 사람이 그다지 많지 않아 탐매의 즐거움을 만끽할 수 있었다. 만개할 때는 더 좋을 것 같아 약간의 아쉬움이 있었지만, 희열 넘치는 탐매의 시간을 가졌다.

옛사람들의
매화 사랑

가장 먼저 봄을 알리는 매화를 빨리 보고 싶은 마음은 옛사람도 마찬가지였다. 요즘 사람보다 더했던 모양이다. 특히 선비들 중에는 가장 일찍 피는 매화를 찾아 벅찬 감흥을 맛보려고 눈길을 헤치며 나서는 이들이 많았다. 이처럼 처음 피기 시작하는 매화를 찾아 길을 나서는 것을 탐매(探梅)라 했다. 매화가 본격적으로 피는 때 매화의 명소를 찾아 즐기는 것은 관매(觀梅), 또는 상매(賞梅)라 했다. 탐매행은 선비들의 최고급 취미였다.

매화는 이른 봄 모든 초목이 움츠리고 있을 때, 홀로 아름다운 꽃을 피워 맑고 그윽한 향기를 퍼뜨린다. 이런 매화의 성품은 지조와 절개, 맑음 등 군자가 추구하는 덕목과 상통하는 것이어서 선비들은 매화를 특별히 좋아하고 그 성품을 닮고자 했다.

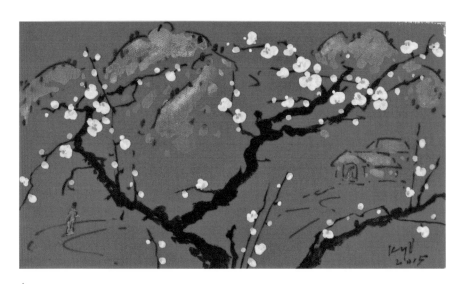

매화를 지극히 사랑해 호까지 매월당(梅月堂)이라 지은 김
시습은 이른 봄이면 언제나 매화를 찾아 산속을 헤맸다고 한다.
그가 남긴, 탐매를 주제로 한 한시 중 한 수다.

크고 작은 가지마다 휘도록 눈이 쌓였건만

따뜻함을 알아차려 차례대로 피어나네

옥골의 곧은 혼은 비록 말이 없어도

남쪽 가지 봄뜻 따라 먼저 꽃망울을 틔우네

매화는 단순히 봄소식을 일찍 전해주는 향기로운 꽃에서 그치는 것이 아니었다. 수행자에게는 득도의 기연을 선사하는 꽃이기도 했다. 이것을 알게 하는 대표적인 시로 무명의 비구니가 지었다는 오도송 「심춘(尋春)」이 있다.

하루 종일 봄을 찾아다녔지만 봄은 보지 못하고
짚신 발로 온 산을 헤매며 구름만 밟고 다녔네
돌아와 우연히 매화나무 밑을 지나는데
봄은 가지 끝에 이미 한창이더라

매화를 소재로 한 선시 하나를 더 소개한다. 고려 후기 스님인 진각 혜심이 편찬한 『선문염송(禪門拈頌)』에 나오는 시다. 팔공산 파계사 성전암 주련 글귀이기도 하다.

서리 바람 땅을 휩싸며 마른 풀뿌리 쓸지만
봄이 벌써 온 걸 그 누가 알리요
고갯마루 매화만이 그 소식 알리려고
가지 하나 홀로 눈 속에서 피었네

*
화엄사 만월당 앞 백매화.
향기가 매우 진하다.

*
화엄사 부속 암자인 연기암 마당에 있는 백매화.

김홍도와 이황의
매화 사랑

단원 김홍도는 외모가 수려하고 풍채가 좋았으며, 또한 도량이 넓고 성격이 활달했다. 그는 술을 매우 좋아하였으며, 성격이 부드러운 가운데 소탈하여 사람들은 그를 신선 같은 인물이라 불렀다. 김홍도는 살림이 늘 가난해서 아침저녁으로 끼니 걱정을 하는 때가 많았다. 어느 날 좋은 매화 한 그루를 보고, 그것을 사고 싶어 하는 마음이 간절했지만 돈이 없어 살 수가 없었다. 그러던 차에 때마침 그의 그림을 원하는 사람이 찾아와 그림값으로 3,000냥을 주고 갔다. 단원은 그중 2,000냥으로 매화를 사고 800냥으로 술 여러 말을 사다가, 친구들을 불러 매화를 감상하며 술을 마시고 시를 읊었다. 그 술자리를 '매화음(梅花飮)'이라 했다. 그리고 남은 돈 200냥으로 쌀과 나무를 집에 들였으나 하루 지낼 것밖에 안 되었다.

문인 화가인 우봉 조희룡이 남긴 『호산외사(壺山外史)』 등에 나오는 내용이다. 단원의 각별한 매화 사랑을 알 만한 이야기다. 매화서옥도(梅花書屋圖), 홍매도(紅梅圖) 등 매화 그림을 즐겨 그린 조희룡 역시 지독한 매화 애호가였다. 그는 이런 글을 남겼다.

나는 매화에 대한 편벽이 있다. 스스로 큰 매화 그림 병풍[梅花大屛]을 그려 침실에 두르고, 매화를 읊은 시가 새겨져 있는 벼루[梅花詩境硯]를 쓰고, 먹은 매화서옥장연(梅花書屋藏烟)을 쓴다. 매화를 읊은 시 100수를 짓고 내가 거처하는 곳에 매화백영루(梅花百詠樓)라는 편액을 단 것은 매화를 사랑하는 내 뜻에 마땅한 일이지 갑자기 이룬 것이 아니다. 시를 읊다가 목이 마르면 매화편차(梅花片茶)를 달여 마셨다.

퇴계 이황의 매화 사랑 또한 유명하다. 107수에 달하는 매화시를 지은 이황은 운명하기 몇 시간 전 시중을 드는 사람에게 "매화분에 물을 주도록 해라"고 말했다. 1570년 음력 12월 8일 오후 6시경에 별세했는데, 당시 그의 방 윗목에는 그가 애완하던 매화분이 놓여 있었고, 매화분에는 몇 개의 꽃망울이 금방 향기를 터뜨릴 듯 부풀어 있었다.

'내 평생 즐겨 하는 것이 많으나 매화를 지독하게 좋아한다(我生多癖酷好梅)'는 말을 남긴 이황은 설사 때문에 방에 냄새가 나자 "매형(梅兄)에게 미안하다"면서 매화분을 다른 곳으로 옮기게 한 뒤, 환기를 시키고 화분을 다시 정갈하게 씻도록 하기도 했다.

이황은 매화가 한창이면 밖에 나가 시간 가는 줄도 모르고 매화를 완상했다. 그의 시 「도산월야영매(陶山月夜詠梅)」는 이런 자신의 모습을 읊고 있다.

나막신 신고 뜰을 거니노라니 달이 사람을 따라오네

매화 언저리를 몇 번이나 돌았던고

밤 깊도록 오래 앉아 일어나기를 잊었더니

옷 가득 향기 스미고 달그림자 몸에 닿네

진달래

혼을 빼앗는
천주산 진달래

2022년 4월은 오래 기억될 것 같다. 4월 초순을 전후해 전국의 산 곳곳을 자줏빛 분홍색으로 물들이는 진달래 덕분이다. 창원 천주산의 진달래 군락을 보았다. 바로 눈앞에 펼쳐진, 천주산 정상 북편 산비탈 수십만 평 전체가 일시에 불타고 있는 듯한 진달래꽃 천지를 절대 잊을 수 없을 듯하다.

멋진 진달래꽃 풍광을 제대로 즐기고 싶었다. 유명 진달래 군락지를 여기저기 알아보고, 그중 창원 천주산을 선택했다. 가 본 적이 없는 곳이지만, 사진들만 봐도 대단할 것 같았다.

＊
창원 천주산 정상 아래 펼쳐진 진달래 군락지(2022년 4월 5일).
꽃이 덜 피어 5일 후 다시 찾아갔다.

천주산의 진달래 개화 소식을 계속 확인했다. 3월 말부터 계속 확인하다가 꽃이 본격적으로 피기 시작하는 4월 5일에 가보기로 했다. 평일로 날을 잡았다. 진달래꽃이 완전히 만개했을 때, 그리고 사람이 너무 많은 휴일을 피해서다. 5일 오전 대구에서 창원으로 향했다. 청도와 밀양을 거치는데, 차창 밖으로 강변의 높은 절벽 위에 진달래가 활짝 핀 것이 눈에 들어왔다. 검은 바위 절벽 위에 분홍 진달래가 핀 모습이 특히 예쁘고 인상적이었다. 어린 시절부터 대표적인 진달래 풍경으로 인상에 남은 모습이기도 하다.

높은 절벽 위의 진달래꽃 모습을 보니 향가 「헌화가」 이야기가 떠올랐다. 『삼국유사』에 나오는 이야기다.

신라 경덕왕 때 일이다. 수로부인의 남편 순정공이 강릉 태수로 부임하던 중, 수로부인이 동해안의 천길 절벽 위에 핀 진달래꽃을 보고 누가 꺾어주기를 원했다. 일행 중 누구도 나서지 못했다. 그런데 마침 암소를 몰고 가던 한 노인이 헌화가를 부른 뒤, 절벽 위로 올라가 진달래꽃을 꺾어 바쳤다. 헌화가를 현대어로 옮기면 다음과 같다.

자줏빛 바위 끝에
잡은 암소 놓게 하시고
나를 아니 부끄러워하시면

꽃을 꺾어 바치겠습니다.

천주산을
오르니

천주산 달천계곡 주차장에 차를 주차했다. 다행히 딱 한 대 공간이 남아 있었다. 주차장 주변은 수백 그루의 아름드리 벚나무들이 꽃비를 내리고 있었다. 산행을 시작해 조금 올라가니 진달래꽃이 눈에 들어오기 시작했다. 산 아래쪽 진달래는 벌써 활짝 핀 모습이었다. 올라갈수록 개화 정도가 덜했다. '함안경계'를 지나는, 정상으로 바로 가는 코스로 올라갔다. 한 시간 정도 올라가니 연분홍빛으로 물들기 시작한 정상(용지봉) 주위가 눈에 들어왔다. 가슴이 설레기 시작했다.

정상 아래 전망대에 오르니, 분홍 진달래 바다가 눈앞에 펼쳐졌다. 산비탈 경사가 심한 편이라 정상 쪽에서는 진달래 군락 전체를 조망할 수가 없지만, 그래도 전망대마다 다른 진달래 풍경에 탄성이 저절로 터져 나왔다. 정상 주변은 햇볕을 많이 받아서인지 진달래가 다른 곳보다 많이 핀 편이었다.

이곳 진달래 군락은 밀집도가 보기 드물게 높다. 2미터가 넘는 진달래나무들이 빽빽하게 밀집해 있어, 길이 아닌 곳으로는 한 발짝도 들어갈 수 없다. 다른 잡목도 하나 없다. 진달래 군락 자체가 대단해서, 꽃이 20~30퍼센트밖에 피지 않았는데도 장관 이었다. 올라온 길 반대쪽 능선을 따라 동쪽으로 내려가며 진달 래 풍경을 감상했다. 평일이고 개화가 덜 되었음에도 불구하고 사람들이 적지 않았다. 부산, 안산, 대구, 구미, 대전 등 곳곳에서 찾아왔다고 했다.

계속 내려가 군락지 끝자락에 마련해놓은 전망대에 올랐다. 이곳부터 정상 쪽으로 진달래 군락지가 광활하게 펼쳐지는데, 군 락지의 70퍼센트 정도가 한눈에 들어온다. 천주산 진달래 군락지 중 최대 규모다. 이 전망대 앞쪽은 햇빛이 늦게 드는 구역이라, 아직 개화가 시작되지 않았다. 그래도 멀리 정상 부근에 피기 시 작한 진달래, 앞쪽의 곧 터뜨릴 수많은 분홍빛 꽃봉오리, 진달래 나무 줄기의 옅은 갈색빛이 어우러진 파스텔 톤 오묘한 빛의 향 연이 펼쳐지고 있었다. 아주 특별한 풍광이었다.

진달래꽃이 더 개화해 만개하면 어떤 분위기일까 상상해봤 다. 산이 분홍빛으로 불타는 풍경은 아닐까. 다음을 기약하며 살 짝 아쉬움을 남겨두고 산을 내려왔다.

*
천주산 정상에서 동쪽으로 바라본
진달래 군락지(2022년 4월 5일).

한 번 더 천주산을 찾아가기로 했다. 그 풍광을 친구들에게 보여주면 더 없는 선물이 될 것 같아 친구들과 함께 가기로 했다.

근처 진동에서 자고 10일 일요일 아침에 다시 천주산으로 향했다. 전날 진동의 바다를 보며 붕장어, 곰장어 숯불구이를 먹었다. 그렇게 맛있는 장어는 처음이었다. 최고의 맛이었다.

진동을 출발해 오전 10시쯤 천주산 아래 도착했다. 그런데 달천계곡 쪽으로는 아예 진입을 차단하고 있었다. 계속 국도를 따라가며 차 세울 곳을 찾다가, 결국 북창원 IC로 진입해 그 입구 길가에 주차했다. 달천계곡 진입로 주변 10리 정도의 차도 양쪽에는 주차해놓은 승용차들로 가득했다. 이 정도로 붐빌 줄은 몰랐다.

달천계곡을 향해 걸어갔다. 멀리 천주산 정상 주변을 비롯해 능선 아래 몇 군데 진달래 군락지가 분홍빛으로 물든 모습이 눈에 들어왔다. 산 능선 곳곳이 불타고 있는 것 같았다. 진입을 통제하던 도로에 들어서서 조금 가니, 왕복 2차선 도로에 들어가고 나오는 차량이 엇갈리며 움직이지 못하는 상황이 곳곳에서 펼쳐지고 있었다. 달천계곡 주차창이 가까워지자 산을 올라가고 내려오는 사람들이 길가 주차 차량 사이로 줄을 이었다. 주차장은 오

＊
천주산 정상 부근의 진달래 군락지 풍경
(2022년 4월 10일).

＊
천주산을 찾은 사람들이 전망대에 올라
정상 주변 진달래꽃 풍광을 즐기고 있
다(2022년 4월 10일).

전 6시에 벌써 만차가 되었다고 했다.

인파를 따라 더위와 먼지 속에 일행과 함께 발걸음을 내디뎠다. 지난번과는 반대 코스로 올랐다. '만남의 광장'을 지나자 진달래 꽃길과 진달래 군락지가 보이는 숲길이 펼쳐져 힘을 얻을 수 있었다. 숲길을 계속 걸었다. 마침내 정상 주변 최대 진달래 군락을 볼 수 있는 전망대가 눈에 들어왔다. 숲 사이로 불타는 듯한 진달래 꽃밭이 펼쳐졌다. 사람들로 북적이는 전망대에 올랐다. 탄성이 절로 나오는, 말을 잊게 만드는 풍광을 제대로 볼 수 있었다. 그저 느긋하고 한가하게 즐길 수 없는 것이 아쉬웠다. 사람들이 계속 밀려 들어왔다. 잠시 둘러본 후 뒤로 물러났다. 모든 사람들이 하나같이 감동의 탄성을 지르며 전망대에 올라갔다.

아직 진달래 전체가 만개한 상태는 아니었다. 당분간은 하루하루 날이 갈수록 분홍빛이 더욱 짙어질 것 같았다. 이렇게 규모가 크고 멋진 진달래 군락을 볼 수 있는 곳이 또 있을까 싶었다. 이곳 진달래 군락을 보러 오는 사람들이 인산인해를 이루는 것에 고개가 끄덕여졌다. 이런 진달래 군락이 어떻게 형성되었는지 궁금하기도 했다.

나의 살던 고향은 꽃피는 산골
복숭아꽃 살구꽃 아기 진달래
울긋불긋 꽃대궐 차리인 동네

가까이에서 본 천주산 진달래. 매우 밀집해 자라고,
높이가 2미터가 넘을 정도로 매우 크다.
*

그 속에서 놀던 때가 그립습니다.

누구나 불러봤을 동요 '고향의 봄'이다. 홍난파가 작곡하고 아동문학가 이원수가 작사한 동요다. 이 동요 속 진달래의 무대가 바로 창원 천주산이라고 한다. 산 아래 마을에서 어린 시절을 보낸 이원수는 천주산과 그 일대에서 피어난 봄꽃들을 보면서 「고향의 봄」이란 동시를 지어, 1926년 잡지 『어린이』에 발표했다.

또 다른 유명
진달래 군락지

진달래 군락지로 유명한 산으로는 창원 천주산을 비롯해 여수 영취산, 거제 대금산, 밀양 종남산, 창녕 화왕산, 대구 비슬산, 강화 고려산 등이 있다.

해발 1,083미터인 비슬산은 수려한 산세와 어우러지는 대표적 진달래 명산이다. 비슬산은 정상부를 거대한 수직 암벽이 받치고 있는 형태다. 이 모습이 신선이 내려와 비파를 타고 있는 모습처럼 보인다고 해서 '비슬산(琵瑟山)'이라는 이름이 붙었다고 한다. 산 아래에서 올려다보면 정상부가 웅장하다.

정상에서 북쪽으로는 능선이 대구 앞산으로 이어지고, 남쪽으로는 조화봉과 대견사지로 이어진다. 능선에 키가 큰 나무가 별로 없어 초원같이 시야가 탁 트여 장쾌하다. 이 능선에 가을이면 억새, 봄이면 진달래가 만발한다.

비슬산 정상부에도 진달래 군락이 펼쳐진다. 대견사에서 988봉에 이르는 산자락 30여만 평에 진달래가 군락을 이루고 있다. 988봉 부근 능선 오른쪽은 사람 키보다 훨씬 큰 진달래가 밀집해 있다. 비슬산 진달래 군락은 다른 산들의 진달래 군락지보다 고지에 있어, 진달래 명산 중 가장 늦게 핀다. 보통 4월 중하순부터 피기 시작한다.

민족의 삶과 함께한
진달래

봄이 되면 한라산에서 백두산에 이르기까지 한반도의 산을 연분홍, 진분홍으로 물들이는 꽃이 진달래다. 신록이 산을 본격적으로 물들이기 전, 잎보다 먼저 꽃을 피워 산 곳곳을 분홍빛으로 물들이는 진달래는 오랜 세월을 두고 우리 민족의 삶과 함께한 민족의 꽃이다.

진달래는 '두견화(杜鵑花)'라고도 하고, '참꽃'이라고도 한다. 두견화는 중국 이름으로, 두견새가 울 때 핀다고 하여 붙여진 이름이다. 중국 촉나라 망제가 쫓겨나 이리저리 떠돌면서 나라를 그리워하다가 죽었는데, 그 넋이 두견새가 되어 밤새 목에 피가 나도록 울었다고 한다. 이때 두견새가 토한 피가 꽃잎을 붉게 물들여서 두견화라는 이름으로 불린다고 한다.

또 진달래를 참꽃이라 부르는 것에 비해, 철쭉은 개꽃이라고 불렀다. '개'는 개꿈, 개소리, 개떡 등의 경우처럼 흔히 참된 것이나 좋은 것이 아니라는 접두어로 사용되는데, 여기서는 참꽃에 대한 반대 개념으로 사용된 것이다. 진달래는 먹을 수 있고 철쭉은 먹을 수 없기 때문에 참꽃과 개꽃으로 부르게 된 것으로 보인다.

일반인이 진달래와 철쭉을 구분하긴 어렵다. 진달래는 꽃이 피는 시기가 철쭉보다 이르고, 철쭉과 달리 꽃이 지고 난 다음 잎이 돋아난다. 철쭉은 잎이 먼저 나오고 꽃이 피거나, 꽃과 잎이 같이 핀다.

진달래꽃이 만개하는 시기는 새순이 돋아 산이 신록으로 물들기 전이다. 덕분에 그다지 키가 크지 않은데도 꽃이 피면 잎이 나지 않은 다른 나무의 가지들 사이로 아름다운 자태를 뽐내며 눈길을 끈다. 먼 곳에서 산을 바라봐도 분홍빛을 띤 꽃무리가 눈에 잘 띈다.

진달래는 척박한 산성 토양에서도 잘 자란다. 그래서 산불이 난 산에서도 잘 살아남아 분홍 천지를 만들어낸다. 먹을거리가

*
봄날 산에서 흔히 볼 수 있는 진달래 모습.

없던 1950~1970년대에는 시골 사람들의 군것질거리가 되기도
했다. 흔하고 식용으로도 쓰인 민중의 꽃이다.

진달래를 이용한 요리로는 화전이 대표적이다. 화채나 비빔
밥 재료로도 활용되었다. 꽃 자체가 크게 맛이 있는 건 아니다.
꽃잎을 먹는데, 약간 새콤하고 씁쓸한 맛이 난다. 화전을 부치면
그냥 전병만 부치는 것보다 훨씬 예쁘고 봄 정취가 살아난다.

술로 담가 먹기도 하는데, 이 술을 두견주라고 한다. 『규합
총서』에 진달래꽃으로 두견주 담그는 방법이 자세히 적혀 있다.
백미와 누룩, 찹쌀에 꽃술을 제거한 진달래꽃을 넣어 만들었다.
충남 당진의 면천두견주가 옛 명맥을 이어 무형문화재로 지정되
어 있다. 당진 지역에는 이 두견주와 관련된 전설이 있다.

고려의 개국 공신 복지겸이 병이 들어 몸져눕게 되었다. 어
떤 명약을 써도 차도가 없었다. 효성이 지극한 딸은 매일 아버지
를 위해 기도를 드렸다. 마침내 산신령이 병 나을 방도를 전해주
었다. 진달래와 찹쌀로 빚은 술을 마시면 씻은 듯이 낫는다는 것
이었다. 복지겸은 두견주를 마시고 병이 나았고, 이때부터 이 지
역에서는 두견주를 빚어 마셨다고 한다.

또한 김소월의 대표 시 「진달래꽃」은 우리들이 진달래를 더
욱 사랑하게 만들었다.

나 보기가 역겨워 가실 때에는 말없이 고이 보내 드리오리다

영변에 약산 진달래꽃 아름 따다 가실 길에 뿌리오리다

가시는 걸음걸음 놓인 그 꽃을 사뿐히 즈려밟고 가시옵소서

나 보기가 역겨워 가실 때에는 죽어도 아니 눈물 흘리오리다

✳ 벚꽃

하 동   쌍 계 사

십 리   벚 꽃 터 널

    설레는 마음으로 봄을 기다리는 이들에게 매화가 먼저 꽃봉오리를 터뜨려 봄소식을 알리며 즐거움을 선사한다. 그 고운 자태와 맑은 향기를 누리다 보면, 산수유와 개나리, 진달래 등이 잇따라 꽃을 피우며 봄날의 문을 활짝 열어제친다.

    벚꽃은 봄기운이 완연해진 봄날, 온 천지 곳곳에서 흐드러지게 피어나 사람들의 마음을 들뜨게 만드는 꽃이다. 요즘은 어디에서나 쉽게 벚꽃을 즐길 수 있다. 그중에서도 생각만 해도 마음이 들뜨는, 환상적인 벚꽃길이 있다. 경남 하동 쌍계사 입구 길

*
천주산 아래에서 만난 벚꽃터널(2022년 4월 5일).
진달래가 산자락 곳곳을 붉게 물들이면, 벚꽃도
일제히 피기 시작한다.

양옆에 펼쳐지는 십리 벚꽃길이다.

　아득하게 펼쳐진 십리 벚꽃터널. 벚꽃이 한창 피어나는 이 길을 멀리서 바라보거나 걷게 되면 머리는 텅 비고 가슴은 차오른다. 4월 초 하동 화개천변은 은하수가 내려앉은 듯하고, 쌀가루를 뒤집어쓴 거대한 용이 어디선가 나타나 차밭 속에서 졸고 있는 듯하다. 저 멀리 계곡 속으로 꼬리를 감추는, 아득하게 이어지는 쌍계사 십리 벚꽃길을 찾아가 거닐며 느낀 감흥과 그 풍광을 정리했다.

눈 오듯 흩날리는
환상의 벚꽃터널

　구례를 거쳐 하동으로 가는 섬진강 강변에 들어서자 한창 꽃잎을 터뜨리고 있는 벚꽃길이 눈에 들어왔다. 제때 찾아왔다는 안도감과 설렘을 만끽할 수 있었다. 구례 주변은 아직 꽃봉오리를 터뜨리기 시작하는 정도였다. 섬진강으로 접어들자 강변 양쪽을 벚꽃길이 수놓고 있어 유장하게 흐르는 푸른 강물과 어우러져 말로 다 표현하기 힘든 감흥에 젖어들었다.

　섬진강 강변의 봄 풍광에 취한 채 잠시 차를 몰았다 싶었는데, 갑자기 차가 밀리기 시작했다. 평일인데도 쌍계사 벚꽃길을 구경하러 전국에서 몰려든 상춘객 차량들이 화개장터 입구 주변 일대 도로를 가득 메우고 있었기 때문이었다. 화개장터로 들어서자마자 운전할 생각을 접고 차를 도로변에 세웠다.

상가들이 들어선 옛 화개장터를 지나자 만개한 벚꽃터널이 시작되었다. 거대한 주차장 같은 벚꽃길은 차량 사이로 사람들이 넘쳐나는 '인산차해(人山車海)'였다. 그럴 만큼 끝없이 이어지는 벚꽃터널은 사람들의 마음을 빼앗기에 충분했다. 걸어가는 사람들은 물론, 차 안의 사람들도 휴대전화나 카메라로 그 풍광을 담기에 여념이 없었다. 그 물결이 또 하나의 꽃무리를 이루고 있었다.

바람이 일자 흰 꽃잎들이 눈 오듯 흩날렸다. 상춘객들은 탄성을 지르며 셔터를 누르기에 바빴다. 이곳의 벚나무들은 대부분 어른 팔로 한 아름이 넘는 고목들이다. 그 고목 밑둥치 부분에는 이끼가 가득한 것이 보이기도 했다. 나무 자체만으로도 눈길을 끌기에 충분한, 특별한 풍모를 지니고 있었다.

벚꽃터널을 걷다 보니 포장마차도 나오고 찻집도 곳곳에 문을 열고 있었다. 편도 40~50분 걸리는 벚꽃길을 걷다가, 길가 찻집에 들러 화개녹차로 목을 축이는 여유를 즐길 수도 있었다. 벚꽃터널이 끝나는 지점에는 쌍계사로 향하는 다리가 나온다.

*
2006년의 하동 쌍계사 십리벚꽃길 풍경.

벚꽃을 찾아 달려온 상춘객
차량들이 벚꽃터널 아래를
메우고 있다.
*

1931년에 조성된
하동 벚꽃길

전국 각지에서 상춘객들이 몰려들어 인산인해를 이루는, 우리나라의 가장 대표적 벚꽃길인 쌍계사 벚꽃길은 1931년 조성되었다. 당시 하동군 화개면장이던 김진호 씨가 취임 후 면민들의 힘을 모아 화개장터에서 쌍계사까지 도로를 개설하고, 그 기념으로 군내 유지들의 성금으로 벚나무 1,200그루와 홍도나무 200그루를 심었다. 홍도나무는 관상용 복숭아나무의 일종으로 겹꽃잎의 짙은 붉은색 꽃이 핀다.

벚나무는 잘 자라서 오늘날 하늘을 가리는 벚꽃터널을 만들고 있다. 하지만 홍도나무는 잘 크지 않아서 그런지, 군데군데 몇 그루가 남아 그 흔적만을 알리고 있다. 중간중간 점포가 들어서면서 당시 심은 나무가 사라진 곳도 있고 뒤에 추가로 심은 나무도 있지만, 대부분 벚나무는 조성 당시 심은 것들로 멋진 고목의 자태를 뽐내고 있다. 이 벚꽃길은 십리 벚꽃길로 불리지만, 실제는 6킬로미터 정도로 10리(약 4킬로미터)가 넘는다.

*
쌍계사 벚꽃길 옆에는 푸른 차밭이 펼쳐져 있다.

*
흐드러지게 핀 벚꽃. 바람이 조금만 불어도 꽃잎들이
함박눈처럼 흩날리며 떨어져 내린다.

이 벚꽃길은 잘 가꿔지고 보존되어 오늘날 사람들에게 봄마다 더없는 행복을 가져다주는, 한국을 대표하는 아름다운 벚꽃길이 되었다. 당시 꽃길을 조성할 때는 이 길이 훗날 이렇게 많은 사람이 찾는 대표적인 명소가 되리라고는 생각하지 못했을 것이다. 또한 이 길은 젊은 남녀들이 백년해로를 기약하는 경우가 많아 '혼례길목'으로도 불린다.

하동군은 1993년부터 이곳에서 화개장터 벚꽃축제를 열고 있고, 2004년 4월에는 이 벚꽃길을 포함해 금남면 노량에서 화개면 쌍계사까지 이어지는 41킬로미터 벚꽃길을 '하동포구 100리 벚꽃길'로 선포하고 전국에서 가장 아름다운 벚꽃길로 가꾸고 있다.

한편 벚꽃길 양옆의 산과 밭이 최근 들어 모두 차밭으로 변해 몇십 년 후에는 더 아름다운 풍광을 일궈낼 것이 분명하다. 해마다 더욱 짙어질 초록의 차밭 속에 흰 벚꽃길이 끝없이 펼쳐질 모습이 기대된다.

벚나무는?

잎이 나기 전에 꽃이 먼저 흐드러지게 피었다가 어느 날 갑자기 지는 벚꽃은 흔히 일본의 국화라고도 하지만 사실과 다르다. 일본인들이 좋아하는 꽃이라 생겨난 오해다. 일본의 국화로 꽃이 지고 초록으로 물든 일본 교토 다이고지 인왕문 앞 벚나무 거리. 3월 말이 되면 인왕문 주변을 비롯해 다이고지 전체가 벚꽃 세상으로 변한다. 도요토미 히데요시가 1598년 다이고지에서 '다이고 벚꽃놀이'를 시작한 이후 다이고지 벚꽃축제는 일본의 대표적 벚꽃축제가 되고 있다.
＊

따로 정해진 꽃은 없다.

그리고 대표적인 벚나무인 왕벚나무는 제주도가 원산지라고 한다. 왕벚나무가 한라산 남쪽 중턱 600미터 고지에 자생한다는 사실이 1932년 일본인에 의해 학계에 보고된 적이 있고, 1962년 한국의 식물학자에 의해 경남 진해에 있는 왕벚나무의 원산지가 일본이 아니라 제주도임이 밝혀졌다. 이 벚나무가 어떤 경로로 일본에 건너갔는지는 확실치 않다.

우리나라에는 지리산 화엄사 지장암에 있는 올벚나무 노목이 천연기념물로 지정되어 있다. 우리나라 최고령 벚나무로 알려진 이 나무는 1650년경 조선 인조 때 벽암선사가 심은 것으로 전해진다. 두 그루가 남아 있었으나, 80여 년 전 절을 보수할 때 목재로 쓰기 위해 한 그루를 베어버리고 한 그루만 남게 되었다고 한다.

팔만대장경판 중에는 벚나무로 만들어진 것이 많은데, 우리나라에 언제부터 벚나무가 있었는지에 대한 기록은 분명하지 않다. 그리고 조선시대까지 벚나무를 심은 이유는 대부분 벚나무의 목재를 활용하는 실용적인 용도가 대부분이었다. 특히 벚나무의 껍질은 활을 만드는 중요한 재료라서 국가적으로 함부로 유통을 하지 못하게 막았다. 화엄사 계곡 일대는 올벚나무가 많은데, 벽암선사가 북벌을 꿈꾸던 효종의 뜻을 받들어 활, 창, 칼자루 등 무기를 만들기 위한 목재 용도로 벚나무를 심었기 때문이라고 한다. 1910년대 초반 일제강점기 시절에 벚꽃축제가 최초로 열린 서울 우이동의 벚나무 숲 역시 활을 만들기 위한 재료 수급용으로 조선시대 중후반에 조성되었다는 설이 유력하다.

우리나라에서는 오늘날처럼 많은 사람이 모여 벚꽃을 감상했다는 풍습, 기록, 서화 등은 남아 있지 않다. 『삼국지』에 나오는 조조가 병사들에게 산을 넘어가면 버찌(벚나무 열매)가 있다고 속여 목마름을 잊게 했다는 이야기가 전하는 벚나무는 한국과 중국, 일본에 분포하고 있다. 버찌는 식용으로 활용하고, 나무껍질은 약용으로 사용되기도 한다.

한편 벚꽃 도시로 유명한 경남 진해는 1905년부터 일본인들이 군항 기지와 시가지를 만들면서 벚나무를 많이 심었지만, 광복 후 일제의 잔재라 하여 그 당시에 심었던 벚나무는 거의 베어버렸다. 그 후 인식이 바뀌면서 1960년대 들어서 대대적으로 심기 시작, 지금은 6만여 그루가 시내 일원에 산재해 있다.

그런데 현재 전국에 있는 벚나무 대부분은 일본 품종이라고 하며, 북한에서는 벚나무를 보기 매우 힘들다고 한다. 한국전쟁으로 초토화된 도시를 재건할 때 김일성이 벚나무 대신 살구나무를 가로수로 심으라고 명령했기 때문이다. 또한 북한에서는 벚꽃을 '사쿠라꽃'이라고 해서 일제의 잔재로 여겨 있는 것도 다 제거해버렸다고 한다.

모
란

대 구　　도 동 서 원

모　란

　　무수한 꽃 중의 왕, '화왕(花王)'으로 불리는 모란꽃. 탐스러운 모란꽃을 사랑해 거주하는 주택의 뜰이나 정원에 직접 키우는 이들이 적지 않으니, 그 자태를 어렵지 않게 감상할 수 있을 것이다. 오랫동안 많은 이들의 찬사를 받아온 이 모란꽃의 멋진 모습을 제때, 제대로 보고 싶다는 생각을 가지고 있었다. 한두 송이가 아니라, 좀 오래되고 자연스러운 모습을 간직한 모란꽃을 보고 싶었다. 그런데 멀리 가지 않고 가까운 곳에서 쉽게 멋진 모란꽃을 감상하게 될 줄은 몰랐다. 그 주인공은 바로 대구 도동서원 모

*
흰 꽃을 피운 백모란.

란이다.

　대구시 달성군 구지면 도동리에 있는 도동서원은 조선의 대표적 선비인 김굉필을 기려 세운 서원이다. 퇴계 이황은 김굉필에 대해 조선 도학(성리학)의 종조라는 의미로 '동방도학지종(東方道學之宗)'이라 칭송했다.

　2019년 유네스코 세계유산으로 지정된 아홉 곳의 한국 서원 중 하나인 도동서원은 특이하게 북향으로 자리하고 있다. 서원 앞으로는 낙동강이 유장하게 흐른다. 도동서원을 여러 번 다녀왔지만, 모란이 그렇게 멋지게 수놓고 있는 곳인지는 몰랐다. 꽃을 피우는 초목의 존재는 꽃이 피어나는 순간 찾지 않으면, 그 존재는 물론이고 그것이 선사하는 멋을 누릴 수 없음을 새삼 깨달았다.

모란꽃이 멋진 명소가 어디일까 정보를 찾아보던 중 도동서원의 모란이 꽃을 피우기 시작했다는 소식을 접했다. 여러 군데 모란꽃 명소 중 이곳에 마음이 갔다. 2023년 4월 14일 오후에 도동서원으로 달려갔다. 심한 미세먼지가 외출을 꺼리게 만드는 날씨였지만, 더 지나면 개화 시기를 놓칠 것 같아 강행했다.

좋은 판단이었다. 방문했을 때는 전체적으로 꽃들이 탐스럽게 핀 상태였다. 날씨는 흐렸지만 모란꽃의 자태는 전혀 손색이 없었다. 오히려 그 빛을 더욱더 온전히 드러내는 것만 같았다. 사람도 별로 없었다. 도동서원 모란은 모두 홍자색 꽃을 피우는 종류였다.

서원 아래 도착하니 지난해 가을에 찾아와 보았던, 노랗게 물든 잎으로 사람들의 탄성을 자아내던 은행나무 고목이 새싹을 한창 터트리며 연두색 옷을 입는 중이었다. 은행나무를 거쳐 서원 입구인 누각 수월루 아래를 지나자 바로 활짝 핀 모란꽃들이 맞이했다. 환주문 담장 아래, 돌계단 양옆 비탈에 듬성듬성 자리한 모란이 탐스러운 홍자색 꽃을 피우고 있었다. 풀밭 위에 각기 자연스럽게 꽃을 피운 모란들이 오래된 돌계단과 석축, 흙담장과 잘 어우러졌다.

사당 앞
붉은 모란꽃

　환주문으로 들어가 마당에서 강당인 중정당을 바라보았다. 강당 뒷문 세 짝이 모두 열려 있는데, 그 문 너머로 모란꽃들이 눈에 들어왔다. 빨리 가서 보고 싶었다.

　바로 강당 건물 옆을 지나 뒤로 가니, 모란꽃 천지가 펼쳐졌다. 강당 뒤는 경사지에 다섯 개의 단을 나눠 쌓아 화단을 만들고, 그 중앙에 돌계단을 만들어 사당 문으로 연결되도록 해놓았다. 이 화단의 대부분을 차지한 모란이 모두 꽃을 활짝 피우고 있었다. 환주문 앞 모란 수의 다섯 배는 넘을 것 같았다. 포기의 크기도 훨씬 컸다. 포기당 30~40송이나 50~60송이의 홍자색 꽃이 활짝 피어 보는 이를 황홀하게 만들었다. 은근하고 달콤한 향기까지 흘러넘쳐 기분이 더욱 좋아졌다. 계단을 올라 위쪽에서 400여 년이나 된 한옥인 중정당 건물을 배경으로 모란의 자태를 감상하니 색다른 멋이 느껴졌다.

　화단 위쪽과 사당 안마당 곳곳에는 배롱나무 고목들이 있는데, 배롱나무에는 아직 싹도 트지 않은 상태였다. 모란꽃이 지고 2개월 정도 지나면 배롱나무 꽃들이 또 다른 붉은색 천지로 사당 주위를 둘러쌀 것이다. 배롱나무와 모란은 선비들이 그 성품을 본받고자 주위에 심어 가꾸며 좋아했던 초목이다.

* 대구 도동서원 사당 앞에 핀 모란꽃 풍경.

* 도동서원 환주문 앞 모란.

한동안 모란 주위를 거닐며 감상한 뒤, 돌아 나와 강당 마루
위로 올라갔다. 강당 마루에 앉아 활짝 열린 뒷문 문틀을 통해 들
어오는 모란 풍경은 또 다른 멋이었다. 크고 멋진 모란 그림을 보
는 듯했다. 아무도 없는 마루에 홀로 앉아 한동안 뒷문으로 절정
인 모란꽃을 느긋하게 감상하는 호사를 누렸다.

앞으로 눈을 돌리니 누각 너머로 새잎들이 한창 신록을 자

꽃의 장

랑하는 거대한 은행나무의 자태가 눈에 들어왔다. 선비들이 강당 마루나 누각에서 유교 경전만 공부한 것이 아님을 알 수 있었다.

꽃 중의 왕
모란 이야기

모란(牡丹)은 작약과의 낙엽 활엽 관목이다. 종자를 생산하지만 굵은 뿌리에서 새싹이 돋아난다. 뿌리가 수컷의 형상이라 하여 '모(牡)', 꽃 색이 붉기에 '란(丹)'이라 한다. 부귀화(富貴花), 화중왕(花中王), 백화왕(百花王), 천향국색(天香國色), 화사부(花師傅)라고도 부른다. 꽃말은 '부귀'다. 이런 모란은 오랜 세월 동안 많은 일화를 만들어냈다.

중국 역사상 유일한 여황제였던 당나라의 측천무후와 모란에 얽힌 유명한 전설이 있다. 측천무후는 어느 해 겨울 정원의 꽃나무들에게 당장 꽃을 피우라고 명을 내렸다. 다른 꽃들은 모두 명을 따라 꽃을 피웠으나 모란만은 꽃을 피우지 않았다. 불을 때서라도 억지로 꽃을 피우게 하려고 했지만, 이마저도 실패했다. 화가 난 그녀는 모란을 모두 뽑아서 뤄양(洛陽)으로 추방시켰다. 이후 모란은 뤄양화(洛陽花)로 불렸다. 그 당시 불을 땔 때 연기에 그을린 탓에 지금도 모란 줄기가 검다는 전설이 전해진다.

또한 중국인들은 중국의 대표적 미인으로 당나라 현종의 부인인 양귀비를 모란에 비유했다. 양귀비처럼 풍만한 육체와 아름다운 용모를 가진 여인을 '부귀모란(富貴牡丹)'이라고 지칭했다. 당나라 이후 모란은 시와 그림의 소재로도 많이 쓰였다. 중국인들이 매우 사랑하는 모란은 꽃 중의 왕으로 자리 잡으면서 청나라 이후 중국의 국화로 대접받았다.

김부식의 『삼국사기』나 일연의 『삼국유사』에도 모란 이야기가 전한다. 모란은 진평왕 때 신라에 들어왔는데, 당나라 황제는 이때 모란 그림 한 폭과 모란 꽃씨 세 되를 신라에 보내왔다고 한다.

진평왕 때 당나라에서 보내온 모란꽃 그림과 꽃씨를 덕만(선덕여왕의 아명)에게 보이니, 덕만은 "이 꽃은 곱기는 하지만 틀림없이 향기가 없을 것이다"라고 말했다. 왕은 웃으면서 "네가 어찌 그것을 아느냐"라고 물었다. 그녀는 "꽃을 그렸으나 나비가 없기에 이를 알았습니다. 무릇 여자로서 국색(國色)을 갖추고 있으면 남자가 따르는 법이고, 꽃에 향기가 있으면 벌과 나비가 따르는 법입니다. 이 꽃이 무척 고운데도 그림에 벌과 나비가 없으니 이는 틀림없이 향기가 없는 꽃일 것입니다"라고 답했다. 그 씨앗을 심었는데, 과연 그녀가 말한 것과 같았다. 그녀의 앞을 내다보는 식견은 이와 같았다.

모란꽃이 새겨진 청자상감모란문항아리
(국보, 고려시대).

　그러나 이는 사실과 다른 이야기다. 모란꽃은 향이 진한 꽃
에 속한다. 맑고 달콤한 향기가 있기에 벌과 나비도 날아든다.
　고려시대에 들어서도 모란은 미인과 부귀영화를 상징하는
꽃으로 상류층의 사랑을 받았다. 12세기 보물로 지정된 청자상감
모란문항아리를 비롯해 많은 고려청자와 여러 생활도구에도 모
란꽃 무늬가 등장한다.
　모란이 부귀를 상징함에 따라 신부의 전통 혼례복인 원삼이
나 활옷에는 모란꽃이 수놓였고, 신방의 병풍에도 부귀영화를 상

*
백자청화투각모란당초문항아리(보물, 17세기).
모란은 도자기와 민화 등에 자주 등장한다.

징하는 모란이 빠지지 않았다. 선비들의 책거리 그림에도 부귀와
공명을 염원하는 모란꽃이 그려졌다. 왕비나 공주 등 귀족 여인
들의 옷에는 모란무늬가 들어갔고, 복스럽고 덕 있는 미인은 활
짝 핀 모란꽃에 비유되었다. 조선 후기에 널리 유행한 민화에도
모란이 많이 등장한다.

　　모란은 4～5월에 꽃이 피며, 보통 자주색이다. 개량종에는 분
홍색, 노란색, 흰색, 보라색 등 다양한 색이 있다. 시인 김영랑의
대표적 시로 널리 애송되는「모란이 피기까지는」을 음미해본다.

　　　모란이 피기까지는

　　　나는 아직 나의 봄을 기다리고 있을 테요

　　　모란이 뚝뚝 떨어져 버린 날

　　　나는 비로소 봄을 여읜 슬픔에 잠길 테요

　　　오월 어느 날, 그 하루 무덥던 날

　　　떨어져 누운 꽃잎마저 시들어 버리고는

　　　천지에 모란은 자취도 없어지고

　　　뻗쳐오르던 내 보람 서운하게 무너졌으니

　　　모란이 지고 말면 그뿐, 내 한해는 다 가고 말아

　　　삼백 예순 날 하양 섭섭해 우옵내다

　　　모란이 피기까지는

　　　나는 아직 기다리고 있을 테요, 찬란한 슬픔의 봄을

✱ 해당화

민족 정서를 대변하는
순박한 꽃

5월부터 3개월 정도 꽃이 피고 지는 해당화. 우리나라 서해와 동해 해변의 모래언덕이나 산기슭에서 자라면서 진분홍색 아름다운 꽃을 피워, 옛날부터 많은 이들의 각별한 사랑을 받아온 꽃이다. 척박한 모래언덕에서도 화사하면서 순박한 아름다움과 은은한 향기를 선사하는 해당화는 우리 민족의 정서를 대변하기도 했다. 그런 정서는 우리 문화와 예술 곳곳에 녹아들었다.

명사십리 해당화야 꽃 진다고 서러워 마라

명년 삼월 봄이 오면 너는 다시 피련만

우리 인생 한번 가면 다시 오기 어려워라

이런 가사의 민요가 오래전부터 불려왔고, 유행가에도 해당화에 당대의 정서를 담은 노랫말이 많이 등장했다. 우리나라 최초의 유행가 가수로 알려진 채규엽이 1930년대 발표한 대중가요에는 '봄도 짙은 명사십리 다시 못 올 옛이야기/해당화에 속삭이던 그님이었것만'이라는 구절이 등장한다. 또한 1966년 이미자가 부른 '섬마을 선생님'은 널리 알려진 대중가요로 역시 해당화가 등장한다.

해당화 피고 지는 섬마을에

철새 따라 찾아온 총각 선생님

열아홉 살 섬 색시가 순정을 바쳐

사랑한 그 이름은 총각 선생님

서울엘랑 가지를 마오 가지를 마오

승려 시인이자 독립운동가였던 한용운은 조국 해방을 고대하는 마음을 해당화에 실은 시 「해당화」를 남겼다.

당신은 해당화 피기 전에 오신다고 하였습니다

*
아름다운 진분홍색 꽃을 피우며 옛날부터
많은 사랑을 받아온 해당화.

봄은 벌써 늦었습니다

봄이 오기 전에는 어서 오기를 바라더니

봄이 오고 보니 너무 일찍 왔나 두려워합니다

철모르는 아이들은 뒷동산에 해당화가 피었다고 다투어 말하기로

듣고도 못 들은 체하였더니

야속한 봄바람은 나는 꽃을 불어서

경대 위에 놓입니다 그려

시름없이 꽃을 주워서 입술에 대고

"너는 언제 피웠니"하고 물었습니다

꽃은 말도 없이 나의 눈물에 비쳐서

둘도 되고 셋도 됩니다

대구의 천재 화가 이인성은 1944년 6월 한용운이 별세하자 그와 그의 시 「해당화」를 기려 같은 제목의 '해당화'라는 걸작을 남겼다. 먹구름 낀 쓸쓸한 바닷가 모래밭에 핀 해당화 앞에 흰 수건을 쓴 여인이 앉아 어딘가를 바라보고 있다. 그 옆의 두 소녀 중 한 소녀는 해당화 한 송이를 감싸 쥐며 보고 있다.

이런 해당화는 언젠가부터 나에게도 스며들었다. 20여 년 전부터 실제 해당화의 자태를 접하면서 내가 매우 좋아하는 꽃 중 하나가 되었다. 특히 2005년 5월 말 금강산 여행 당시, 해금강에서 해당화를 보았을 때 정말 반갑고 좋았던 기억이 새롭다. 그 전

후에 동해안 해변에서 자생하는 해당화 군락을 몇 차례 보며 즐거움에 빠져들었던 기억이 있다.

해당화를 찾아
동해안으로

척박한 환경에서도 잘 버티며 오랫동안 자생해온 해안 모래밭 해당화 군락은 점점 사라져갔다. 특히 동해안 해변의 자생 해당화는 대부분 사라져버렸다.

2022년 5월 31일 동해안을 둘러보았다. 먼저 포항시 흥해읍 오도리에 있는 사방기념공원으로 향했다. 그곳에 심어놓은 해당화를 보기 위해서였다. 사방기념공원은 한국의 근대적 사방(砂防) 사업이 시작된 지 100주년이 된 것을 기념해 2007년 11월에 개장한 공원이다. 오도리 일대는 1975년 박정희 대통령의 지시로 총면적 4,500헥타르를 녹화해 사방 사업을 성공적으로 이룩한 대표적 지역이다.

공원에 도착하기 전 도로변에 있는 주택의 축대 사이로 해당화가 눈에 들어왔다. 진분홍색 꽃 가운데 흰 꽃도 섞여 있었다. 조금 더 가니 도로 옆 산비탈 쪽에 인동초와 찔레 등이 무성한 수풀 속에 해당화 몇 송이가 피어 있는 모습을 확인할 수 있었다.

*
인천시 옹진군 덕적도 서포리 해안에 핀
해당화. ⓒ옹진군

*
대구 신천 둔치에 핀 해당화.
요즘은 해당화를 조경용으로
도 많이 심어 해안이 아닌 곳
에서도 종종 볼 수 있다.

자생하는 것인 듯해 매우 반가웠다.

　사방기념공원에 가니 주차장 앞 바다 쪽에 해당화 화단을 길게 조성해놓았다. 이미 꽃이 지고 열매를 맺은 것도 있고, 꽃을 피운 것도 있었다. 가뭄이 오래 이어져서인지 생육 상태가 별로 좋지 않았다.

　다시 월포해수욕장을 거쳐 영덕 해맞이공원도 둘러봤으나 해당화가 눈에 들어오지 않았다. 다시 영덕군 창수면 인량리 전통마을도 가 보았다. 그곳의 갈암종택 해당화를 인터넷에서 보았기 때문이다. 이곳 해당화도 벌써 꽃은 지고 열매만 남아 있었다. 해당화는 선비들의 사랑을 받아 종택 뜰에서 꽃을 피우는 경우가 적지 않았다. 경주 양동마을 회재종택, 고령 개실마을 점필재종택, 대구 옻골마을 백불암종택 등에서도 탐스러운 꽃을 피운 해당화를 만날 수 있다.

　동해안을 따라 북쪽으로 더 올라가면 울진의 월송정과 망양정 주위에서도 최근에 심은 해당화를 만날 수 있다.

　요즘 동해안에서 보게 되는 해당화 군락 대부분은 조경을 위해 인공적으로 조성한 것들이다. 옛날부터 자생하던, 강인한 생명력으로 아름다운 꽃을 피워 멋진 풍광을 선사하던 모래밭 해당화 군락은 거의 사라져버렸다. 안타까운 일이 아닐 수 없다. 포항의 화진포와 월포를 비롯해 영덕, 울진, 삼척, 강릉, 속초, 고성 등의 해변을 수놓던 해당화가 백사장 난개발과 약초꾼 등으로 인

* 포항시 흥해읍 오도리 국도 옆 산비탈에 핀 해당화.
인동초와 찔레 등이 무성한 수풀 속에 피어 있었다.

해 멸종 위기에 몰려 있다. 곳곳에서 해당화 복원 운동이 펼쳐지
기도 했으나 별 성과를 못 거둔 것 같다.

　포항시 송라면 화진리의 자생 해당화 군락지의 경우, 천연기
념물로 보호해야 한다는 요청을 받아들여 문화재청이 2004년 현

지 조사를 진행했다. 그러나 2005년 5월에 누군가 포클레인을 동원해 300미터 해당화 군락지를 훼손하는 일이 발생했다. 그 후 민간단체가 2005년 6월 훼손된 해당화 군락지 모래언덕에 해당화 400여 그루를 심는 등 복원사업을 펼쳤으나 오래가지 못했다.

삼척시 근덕면 맹방해변 해당화도 1994년 주민들이 성금을 모아 해당화 심기 운동을 벌이기 시작한 이후 한동안 성과를 거두기도 했으나 무단 채취, 도로 개설, 관리 잘못 등으로 대부분이 사라져 지금은 찾아보기 힘들 정도가 되었다.

해당화가 군화인 강원도 고성군에서는 2002년 토성면 봉포리에 해당화공원을 조성했다. 하지만 관리가 제대로 되지 않고 방치되다 최근 다른 꽃들을 심어 재정비하자, 다시 그 자리에 해당화를 심자는 목소리가 나오기도 했다.

서해안에 자생하는
해당화

동해안과는 달리 서해안에는 자생 해당화 군락지가 잘 보존되고 있는 편이다. 국내 최대의 모래언덕인 태안 신두리 해안사구의 해당화 군락은 우리나라 최고의 해당화 군락으로 꼽힌다. 광활한 모래언덕 곳곳에 핀 진분홍 해당화의 풍경은 사람들의 마

*
충남 태안 신두리 해안사구의 해당화 풍경. 광활한 해안 모래언덕 곳곳에 해당화 동산이 펼쳐지는 이곳은 우리나라 최고의 해당화 군락지로 꼽힌다(2022년 5월 25일). ⓒ 태안군

음을 빼앗기에 충분하다. 시간과 바람이 빚어낸 신두리 해안사구의 거대한 모래언덕 곳곳에 옹기종기 해당화 동산이 펼쳐지면서 특별한 풍광을 선사한다.

인천시 옹진군의 신시모도, 대청도, 덕적도, 백령도 등에서도 5월이 되면 멋진 해당화 군락을 만날 수 있다.

자생 해당화 군락지는 많이 사라졌지만, 근래 들어서는 해당화가 조경용이나 관상용으로도 많이 심어지고 있다. 그래서 요즘은 해변이 아닌 곳에서도 해당화를 종종 만날 수 있다. 대구의 경우 5월 말경이면 신천 둔치에서 진분홍 꽃이 핀 해당화를 만날 수 있다.

해당화는?

해당화(海棠花)는 장미과에 속하는 낙엽관목으로 줄기에 가시와 털이 있다. 잎은 어긋나게 달리며 두껍고 타원 모양이다. 표면은 주름살이 많고 윤기가 있으며 털이 없는데 그 뒷면에는 잔털이 많다.

해당화는 지름 6~9센티미터 정도의 향기로운 꽃이 5~7월에 홍자색으로 핀다. 흰색도 있고, 연분홍색도 있다. 꽃은 계속 피고 지는데, 9~10월에 피어나는 사례도 있다. 피지 않은 꽃봉

*
빨갛게 익은 해당화 열매.

오리가 붓 모양이어서 '필두화(筆頭花)'라고도 불린다. 다섯 장의 꽃잎과 꽃받침이 있고, 다수의 수술이 있다. 둥근 열매는 8월 이후 황적색으로 익는다. 해변의 모래밭이나 산기슭에서 주로 자란다. 우리나라 해안 모래언덕에서 쉽게 볼 수 있었으나, 현재는 원형 그대로 남아 있는 곳이 드물다.

해당화는 꽃이 아름답고 특유의 향기를 지니고 있으며 열매도 아름다워 관상용으로 선호한다. 꽃은 향수 원료로 이용되고 약재로도 쓰인다. 열매는 약용 또는 식용한다. 해당화의 붉은 꽃잎은 향기가 좋아 여인들이 그 꽃잎을 넣은 향낭을 만들어 차고 다녔다. 색도 고와 옷이나 음식에 색소로 사용하기도 했다. 해당화로 담근 술은 향기와 붉은빛이 좋아 많은 사람의 사랑을 받았다. 해안가 사람들이 즐겨 담가 먹던 전통술이었다.

해당화는 잡귀를 쫓아내는 의미가 있어 해안가 민가에서는 울타리로 심기도 했다. 또한 한약재로도 사용된다. 주로 피의 운행을 순조롭게 하거나 어혈을 풀어주는 데 활용되었다. 민간요법으로는 당뇨나 관절염에 쓰이기도 한다. 한때 그 뿌리와 열매가 당뇨에 특효라는 소문이 돌아 사람들이 마구 캐면서, 바닷가에서 해당화를 찾아보기 힘들 정도로 수난을 당했다. 해당화에서 뽑아낸 추출물은 당뇨의 예방과 치료 목적으로 연구되고 있기도 하다.

외로움을 드러내는
해당화 전설

'매화는 맑은 손, 복사꽃은 요염한 손, 연꽃은 깨끗한 손, 해당화는 외로운 손'이라는 옛말이 있다. 조선시대인 1809년 빙허각 이씨가 가정 살림에 관한 내용을 쓴 『규합총서』에 나오는 구절이다. 해당화에 대한 옛 정서를 엿볼 수 있다.

해당화에는 이런 전설이 전한다. 옛날 바닷가에 오누이가 살고 있었는데, 어느 날 관청에서 누이를 궁녀로 뽑아 배에 태워 데려가 버렸다. 누이 잃은 동생은 그 자리에 서서 며칠을 울다가 선 채로 죽고 말았다. 이후 그 자리에 동생의 서러운 눈물과 같은 붉은 꽃 한 송이가 피어났다. 그 꽃이 바로 해당화다.

우리나라 이야기는 아니지만 해당화와 관련한 유명한 일화가 있다. 중국 당나라 현종과 양귀비 이야기다.

현종은 어느 날 심향정에 올라 사랑하는 양귀비를 불렀다. 이때 양귀비는 전날 밤에 마신 술이 깨지 않아 자리에 누워 있었다. 그래도 양귀비는 황제의 부름을 받고 거역할 수가 없어서 황급히 일어나기는 했으나, 얼굴은 창백하고 걸을 수가 없을 정도였다. 시녀의 부축을 받고 나온 양귀비의 얼굴은 그래도 예쁘기만 했다. 백옥같이 흰 얼굴에 불그레한 홍조가 곱게 피어 있었고, 눈은 가느다랗게 뜨고 몇 가닥 머리

＊
경주 양동마을 무첨당 화단에 핀 해당화.
무첨당은 이언적 종택 사랑채 이름이다.

카락이 이마에 나부꼈다. 현종은 한동안 그 모습을 물끄러미 바라보다가 "너는 아직도 술에 취해 있느냐"라고 말을 건넸다. 그러자 양귀비는 "해당화의 잠이 아직 깨지 않았습니다"라고 대답했다.

양귀비는 자신의 붉은 얼굴을 해당화에 비유한 것이다. 이때부터 중국에서는 해당화를 '수화(睡花)'라고 불렀다고 한다. 하지만 이 이야기에 나오는 해당화는 우리나라 해당화와 명칭은 같으나, 우리가 지금 지칭하는 해당화는 아니라고 한다. 우리나라에서 '해당(海棠)'이라고 부른 식물은 중국에서는 '매괴(玫瑰)'로 불린다고 한다. 전문가들은 중국에서 '해당'이라고 칭했던 식물은 꽃사과 또는 명자나무로 파악하고 있다.

우리나라와 중국의 고문헌에서 해당화와 관련해 불일치하거나 상충하는 내용이 자주 등장하는 것은 '해당'이라는 한자 식물명이 이처럼 중국과 한국에서 서로 다른 식물을 지칭한 것에서 기인한 것으로 보인다. 고문헌에서 나타나는 '해당'이라는 식물명을 번역할 때는 주의가 필요한 셈이다. 양귀비나 두보와 얽힌 고사 등 해당화와 관련된 중국의 고사는 우리나라의 해당화가 아니라 꽃사과 또는 명자나무에 대한 것이다. 두보는 해당화 명소인 쓰촨성 청두(成都)에서 오래 살았지만 해당화를 읊은 시가 하나도 없는데, 두보의 어머니 이름이 '해당'이었기 때문이라고 전한다.

이런 해당화와 관련한 시 두 수를 소개한다. 먼저 이규보의
「해당」이다.

　해당화가 잠이 깊어 노곤하게 늘어지니
　양귀비가 술에 취했을 때와 같네
　다행히 꾀꼬리가 울어 잠을 깨우니
　다시 미소 지으며 교태를 부리네

또 한 수는『악학궤범』을 편찬하고『용재총화』를 지은 학자
이자 문신인 성현의「매괴」라는 한시다.

　한 그루 매괴 나무 있으니
　전하는 말에 해당화라 이르는데
　이슬 내려 꽃가루를 가벼이 씻고
　바람 불어 향기를 살살 풍겨주네
　처음엔 붉은 비단을 오렸나 했더니
　결국은 비단 우산을 펼친 듯하구나
　어여뻐라 더없이 고운 자태 뽐내며
　글 읽는 책상 가까이 피어 있는 게

능
소
화

문 경   주 암 정

능 소 화

　　2022년 여름은 초반부터 그 더위가 심했다. 특히 대구와 그 인근 지역의 날씨는 '대프리카'라는 별명을 증명해주는 듯했다. 6월 대구의 낮 최고기온이 섭씨 33도가 넘는 폭염 일수가 11일이나 되었다. 이는 대구지방기상청이 1973년부터 폭염 관련 기상을 관측한 이래 가장 높았던 기록이라 한다. 7월 들어서는 더했다.

　　이런 날씨에 시각적으로나마 더위를 좀 잊게 해주는 꽃들이 있다. 능소화, 연꽃, 배롱나무꽃 등이다. 고마운 존재다. 요즘은 이런 꽃들을 어렵지 않게 접할 수 있다. 주변에서 쉽게 볼 수 있

*
주암정 정자 뒤 암벽에 핀 능소화.

는 꽃을 접하며 기운을 충전하는 것도 괜찮지만, 조금만 발품을 팔아 충분히 차고 넘치는 보상을 받을 수 있는 명소를 찾아 제대로 즐기는 것도 좋을 것이다.

능소화 명소도 전국 곳곳에 있다. 그중 문경 주암정을 찾아보고 싶었다. 주암정은 몇 번 가보았지만, 능소화가 피는 시기에는 가지 못했다. 그래서 능소화 핀 주암정 풍경을 생각하지 못했는데, 어느 날 능소화가 흐드러지게 핀 주암정 풍경을 사진으로 보게 되었다. 꼭 가보고 싶은 멋진 풍광이었다.

바위 위 정자와 어우러진
능소화

7월 10일, 기대를 품고 무더위 속에 주암정을 찾았다. 1차로 핀 꽃들이 벌써 대부분 져버렸다. 꽃이 별로 남아 있지 않았다. 새로 맺기 시작한 꽃봉오리들이 많이 보여 얼마 후면 또다시 장관을 이룰 듯했다. 능소화는 6월 하순부터 2개월 이상 동안 피고 지기를 반복한다.

꽃이 그다지 많지 않아 살짝 아쉬웠지만, 한창 꽃이 필 때의 모습을 충분히 그릴 수 있었다. 이곳 능소화는 30여 년 전에 정자 출입구 쪽에 심은 몇 그루가 중심이다. 배 모양 바위의 솟은 부분과 그 바위에 붙여 쌓은 담장, 담장 사이의 출입구 위를 능소화가 덮고 있다. 꽃이 한창 필 때는 보는 이를 홀리는 별천지를 선사할 것 같았다.

그 입구를 통해 정자에 오르니 왼쪽에는 바위의 솟은 부분을 덮고 있는 능소화가, 앞에는 홍련이 핀 작은 연못이 펼쳐졌다. 연못은 200평 정도. 그리고 그 둑에는 보라색 꽃을 피운 배롱나무와 연분홍의 독특한 꽃을 피운 자귀나무가 눈에 들어왔다. 자귀나무는 부부의 금실을 상징하는 나무로, '합환수(合歡樹)'로도 불린다. 모두 선비들이 좋아하던 꽃이다. 정자와 연못을 돌보며 가꾸어 온 주인의 생각과 안목을 읽을 수 있을 것 같았다.

정자 바로 뒤의 산비탈에도 근래 심은 것으로 보이는 능소화 두어 그루가 암벽을 타고 오르며 꽃을 피우고 있었다. 그리고 정자 초입에도 작은 능소화가 암벽 위에 꽃을 피우고 있었다. 세월이 흐를수록 여름 주암정 주변 능소화 풍광은 더욱더 멋진 장관으로 변해갈 것 같았다.

주암정(舟巖亭)은 그리 오래되지 않은 정자다. 배 모양의 큰 바위 위에 정자가 선실처럼 앉아 있는데, 바위가 배 모양이어서 주암이라 불렸다. 이 정자는 채익하(1633~1675)를 기려 후손들이 1944년에 건립했다. 채익하는 이곳에서 노닐며 시도 짓고 학문을 닦았다. 자신의 호도 주암(舟巖)으로 삼았다.

옛날에는 주암 앞으로 금천이 흘렀다. 언젠가 큰 홍수가 나

*

능소화와 연꽃이 핀 주암정 풍경. 정자 오른쪽에 능소화가
보이는데, 꽃이 한창 필 때면 꽃송이 수가 지금의 수십 배
가 된다(2022년 7월 10일).

*
주암정 입구 암반을 타고 오르며 자라고 있는 능소화.

금천의 물길이 바뀌고, 새로 제방을 쌓으면서 주암 주변은 논밭이 되었다. 연못이 생긴 것은 근래 일이다. 주암의 10대 종손이 1977년부터 주암정 앞에 연못을 조성하기 시작했다고 한다. 그 이후 오늘날까지도 정자와 연못 주변을 가꾸며 찾아오는 이들을 반가운 마음으로 맞이하고 있다.

주암정은 언제나 개방되어 있고, 정자에 오르는 사람들이 그 풍광을 즐기며 차도 마실 수 있도록 배려하고 있다. 이런 종손의 정성과 안목 덕분에 많은 이들이 주암정을 찾아 심신을 충전하며 추억을 만들어간다. 봄이면 뒷산에 피어난 진달래와 연못가의 벚꽃, 목련꽃, 산수유꽃 등이 정자와 어우러진다.

능소화가 피어나기 시작하던 6월 중순, '경산 능소화'의 밑동이 잘려 더는 그 꽃을 볼 수 없게 된 사실이 알려지면서 큰 관심을 끌었다. 경산시 자인면 자인초등학교 정문에서 자인시외버스정류장 방향으로 걷다 보면 만나게 되는, 오래된 목조주택(적산가옥) 벽체 아래 자라던 능소화가 그 주인공이다.

이 능소화는 50여 년 전에 집주인이 씨앗을 뿌려 심은 것이라고 한다. 벽을 타고 오른 능소화가 꽃을 피운 모습이 적산가옥과 어울려 보기 드문 아름다움을 선사해온 명소다. 20여 년 전부터 사진 동호인 사이에서 출사지로 유명해지기 시작했고, 5년쯤 전부터는 SNS를 통해 전국적으로 인기를 끌어왔다.

지난 1월 누군가에 의해 저질러진 이 능소화 절단 사건에 대한 뜨거웠던 관심은 멋진 능소화에 대한 사람들의 사랑이 어떠한 지를 보여준다.

전국 각지의
능소화 명소

대구에는 능소화가 한창 꽃을 피우는 6~7월이면 많은 사람의 발길을 끌어들이는 능소화 명소가 곳곳에 있다. 대구의 유명 능소화로는 '대봉동 능소화 폭포'를 꼽을 수 있다. 대구시 중구 대봉1동 행정복지센터 옆 건물(경일빌딩) 동쪽 벽을 타고 올라 능소화 폭포를 만들어내는 능소화 두 그루가 유명하다. 최근에는 '대봉동 능소화 폭포'라는 이름을 지어 명패까지 달아놓았다. 1997년 건물 준공과 함께 주인이 심은 두 그루가 잘 자라, 지금은 지상 4층 건물의 옥상 위까지 치솟아 있다. 이 능소화 앞은 주차장이다. 덕분에 빌딩 한쪽 벽면을 가득 채운 능소화의 장관을 잘 감상할 수 있다. 도심의 빌딩 숲 골목에서 크게 자라 주황색

*
대구시 중구의 '대봉동 능소화 폭포'
능소화 풍경. 1997년에 심었다고
한다.

*
구례 화엄사 능소화.
ⓒ 구례군

꽃 폭포를 펼쳐내는 이곳은 많은 사람에게 즐거움과 추억을 선사한다. 이 능소화를 보며 40층 이상 되는 아파트 벽 아래 능소화를 심어 얼마나 높이 올라가는지 볼 수 있으면 좋겠다는 생각을 하기도 했다.

대구시 달성군 화원읍 남평 문씨 본리세거지도 많은 사람이 찾는 능소화 명소다. 이곳은 100여 년 전에 형성된 남평 문씨 집성촌으로, 전통 한옥 70여 채가 멋진 흙돌담 길과 어우러진 아름다운 마을로도 유명하다. 1995년 대구시 민속문화재로 지정된 마을이다. 주택 안에 심은 능소화들이 담장 위로 꽃을 피운 모습이 기와를 얹은 황토 흙돌담과 어우러져 이곳만의 특별한 풍광을 만들어낸다. 흙돌담 사이의 정갈한 고샅길 바닥에 떨어져 내린 꽃들의 모습도 각별하다. 이곳에서는 마을 입구 연못에 핀 다양한 연꽃, 붉은 꽃이 흐드러진 배롱나무도 함께 즐길 수 있다.

또 다른 특별한 능소화 명소로 전북 진안 마이산 탐사를 꼽을 수 있다. 마이산(馬耳山)은 이름 그대로 두 개의 말 귀 모양을 닮은 독특한 형태의 산이다. 조선시대 태종이 남행하면서 두 암봉이 나란히 솟은 형상이 마치 말의 귀와 흡사하다고 해서 이름이 붙여졌다. 동쪽 봉우리를 숫마이봉(681.1미터), 서쪽 봉우리를 암마이봉(687.4미터)이라고 부른다. 탐사 뒤 암마이봉 절벽을 타고 35미터까지 오르며 자란 능소화가 수많은 꽃을 피우는 장관은 보는 이의 탄성을 자아낸다. 마이산의 기이한 지형, 사찰의 돌탑과 어우러진 능소화 절벽의 풍경은 신선이 사는 세계 같다는 생각이 들게 한다. 탑사에서 능소화를 심은 것은 1985년이라고 한다.

구례 화엄사의 능소화도 볼 만하다. 능소화가 피는 계절에 가면, 산문에 들어선 후 돌계단을 조금 오르다 오른쪽에 높게 솟은 능소화가 저절로 눈에 들어와 발걸음을 멈추게 한다. 이 능소화는 벽을 타고 오르며 자란 것이 아니다. 마당 귀퉁이에 있는데, 지지대를 타고 위로만 올라가며 자랐다. 홀로 높게 치솟아 있어서 하늘을 넘본다는 능소화 명칭의 의미와 잘 어울리는 모습을 보여준다.

서울 뚝섬한강공원 능소화벽도 서울 시민들이 많이 찾는 명소다. 한강 강변에 5미터가 넘어 보이는 벽이 150미터가량 이어지는데, 여기에 주홍색 꽃이 만발하는 능소화벽이 펼쳐진다. 보는 이의 마음을 빼앗기에 충분하다.

경기도 부천 중앙공원 능소화 터널도 사람들이 많이 찾는다. 이곳 능소화는 인공터널로 조성된 철제 구조물 위에 피어난다. 초여름에 접어들면 주홍색 꽃잎으로 화려하게 뒤덮여 10여 년 전부터 사진가들에게 촬영 명소로 입소문이 나면서 유명해졌다.

능소화에 얽힌
이야기

능소화는 담쟁이덩굴처럼 줄기의 마디에 생기는 흡착 뿌리로 건물의 벽이나 다른 물체를 타고 오르며 자란다. 가지 끝에서 나팔처럼 벌어진 주홍색 꽃이 초여름부터 두 달 정도 피고 진다. 꽃이 한 번에 다 피는 게 아니라 피고 지기를 반복한다. 덕분에 개화 기간 내내 싱싱하게 핀 꽃을 감상할 수 있다. 꽃은 동백꽃처럼 꽃봉우리 전체가 뚝 떨어진다.

능소화의 고향은 중국. 다른 물체를 감고 오르는 등나무를 닮은 데다 황금빛과 비슷한 꽃을 피워 '금등화(金藤花)'라 불리기도 한다. 옛날 우리나라에 처음 들어왔을 때 그 아름다움이 각별해 양반집에서만 이 꽃을 심을 수 있었기에 '양반꽃'으로 통했다. 평민들은 능소화를 함부로 기르지 못했으며, 기르다가 적발되면 관아로 끌려가서 매를 맞았다는 이야기도 전한다.

능소화(凌霄花)라는 이름은 넘어선다는 의미의 능(凌) 자와 하늘을 뜻하는 소(霄) 자를 쓰고 있어, '하늘을 향해 높이 오르는 꽃'이라는 의미를 지니고 있다. 높은 하늘을 향해 웅비하는 기상을 상징한다고 하겠다. 꽃말도 명예다. 과거에 급제하여 입신양명하겠다는 청운의 꿈을 품은 양반가 자제에게 어울리는 꽃인 셈이다.

능소화와 관련해 이런 전설이 있다.

왕이 사는 궁궐에 '소화'라는 아리따운 궁녀가 있었다. 소화는 어느 날 임금님의 눈에 띄어 하룻밤의 성은을 입으면서 빈의 자리에 오르게 되고, 궁궐에 처소도 마련하게 되었다. 하지만 어쩐 일인지 임금님은 그 후 소화의 처소를 한 번도 찾지 않았다. 여우 같은 여러 빈들의 시기와 계략으로 인해 임금님의 발길이 차단된 것이다. 이런 사실을 모르는 소화는 임금님이 찾기만을 목 빠지게 기다리며 하루하루 시간을 보냈다.

혹시나 임금님이 자기 처소에 가까이 왔다가 그냥 돌아가지나 않을까, 임금님의 발걸음 소리라도 들리지 않을까 노심초사하며 지내야 했다. 소화는 그렇게 지내면서 끝내 임금님을 보지 못하고 시름시름 앓다가, 어느 여름날 결국 눈을 감게 되었다. 소화는 눈을 감으며 시녀들에게 유언을 남겼다.

"저를 처소 담장 아래에 묻어주세요. 죽어서라도 임금님을 기다리겠습니다."

그렇게 담장 밑에 묻힌 소화는 이듬해 여름, 아름다운 꽃으로 환생했다. 그 꽃이 더위가 시작되는 여름날, 덩굴을 뻗어 담장 너머로 꽃을 피우는 능소화라고 한다.

이런 능소화가 더 큰 사랑과 관심을 받게 되는 일이 있었다.

＊
정원수로 심어놓은 능소화.

1998년 안동시 정하동 택지 개발지에서 '원이 엄마 편지'가 발굴
되었다. 한글로 된 이 편지는 1586년 안동 고성 이씨 가문의 이
응태가 서른한 살의 젊은 나이에 세상을 떠나자, 그의 아내가 써
서 남편의 관 속에 넣은 것이다. 편지와 함께 그녀의 머리카락으
로 삼은 미투리도 발견됐다. 조선 양반가 부부의 애틋한 사랑 이
야기가 412년 만에 세상에 알려진 것이다. 편지에는 남편이 살아
있을 때의 사랑과 행복, 죽은 후의 일을 기약하는 애달픈 마음이
절절하게 담겨 있다.

2006년에 이 '원이 엄마 편지'를 소재로 능소화와 연결해 쓴
조두진의 소설 『능소화』가 출간되었다. '400년 전에 부친 편지'
라는 부제를 단 이 소설에서 원이 엄마는 능소화를 심은 뒤 죽은
남편의 뒤를 따른다. '한여름 날 크고 붉은 능소화를 보시거든 저
인 줄 알고 달려와 주세요'라는 대목도 나온다. 이 소설은 뮤지컬
로도 만들어졌다.

2015년에는 '원이 엄마'를 소재로 한 테마공원이 안동 정하
동에 조성됐다. 안동시가 편지를 발굴한 정하동 귀래정 주변에
2,100제곱미터 규모의 원이 엄마 테마공원을 조성한 것이다. 공
원에는 원이 엄마 편지를 그대로 새긴 조각상과 현대어 번역본,
쌍가락지 조형물, 야외무대 등이 설치되어 있고, 주변 곳곳에 능
소화를 심어놓았다.

*

연
꽃

700년 전

씨앗이 부활한

아라홍련

본래 흙먼지 기질이 아니라서

스스로 구름 비치는 물에서 자라네

곱고 선명하여 닦은 듯 정결하고

높이 쭉쭉 뻗어 묘한 향기 내는구나

중국 원나라 때 여류 시인 정윤서의 시 「연(蓮)」이라는 작품이다. 연의 성품을 잘 담아내고 있다. 연은 흙먼지 이는 땅이 아니라, 하늘의 구름이 비치는 연못이 고향이다. 잎은 언제나 씻고

*
함안 아라홍련.

닦은 듯 깨끗하고 푸르다. 꼿꼿하게 위로 뻗은 꽃대 위에 피어난 한 송이 연꽃은 고고한 자태를 뽐내며 맑고 은은한 향기를 뿜어 낸다.

이러한 연이 있는 연밭은 오랜 옛날부터 청춘남녀가 순수하고 자연스러운 사랑을 나누는 최적의 공간이 되기도 했다. 그런 풍경을 담은 '연밥 따는 노래〔採蓮曲〕'가 적지 않게 전한다.

먼저 당나라 시인 이백의 「채련곡(採蓮曲)」이라는 시다.

약야 개울가에 연밥 따는 저 아가씨

웃으며 연꽃 너머로 얘기 나누네

새로 단장한 모습 햇살 받아 물속까지 밝고

향기로운 옷소매 공중에 나부끼네

언덕 위에는 누구 집 한량들인지

삼삼오오 짝을 지어 버들 사이로 어른대네

자류마(밤색 털의 말)는 울면서 떨어진 꽃 사이를 지나다가

이를 보고 머뭇머뭇 공연히 애태우네

아가씨는 연꽃 사이에서 눈부시게 빛나고, 말 탄 젊은 한량들은 버들 그늘 사이로 아가씨를 기웃거린다. 시인은 이런 모습을 보며 한량들이 타고 가는 말이 애태우고 있다며 특유의 낭만과 유머를 보여주고 있다.

조선시대 문신이자 시인인 신흠은 이런「채련곡」을 남겼다.

동쪽 마을 아가씨 버선도 신지 않고
서리 같은 하얀 발로 시내를 건너네
시냇가에서 노 흔드는 이 누구 집 총각인고
연꽃 꺾어주고 웃으며 얘기 나누네
배를 타고 어디론가 함께 갔는데
별포에서 원앙 한 쌍 놀라서 날아가네

연밭에서 아가씨와 총각이 만나 사랑을 나누는 정경을 노래하고 있다. 요즘은 연밭을 찾은 이들이 사진 찍느라 바쁜 풍경이 펼쳐지지만, 꽃을 피운 연의 모습은 천 년 전이나 다름없다.

함안의
아라홍련

2022년 여름, 연꽃 가득 핀 연못을 몇 군데 둘러봤다. 함안군이 아라홍련을 테마로 조성해 2013년 여름에 개장한 경남 함안 연꽃테마파크도 찾아갔다. 이야기로만 접했던 아라홍련을 직접 한번 보고 싶었는데, 무더운 날씨도 잊게 만들 정도로 아름

*
홍련이 피어난 함안 연꽃테마파크 풍경. 이 연꽃테마파크는
함안군이 함안 성산산성에서 출토된 700년 전의 연꽃 씨앗 싹
을 틔운 '아라홍련'을 중심으로 조성해 2013년에 개장했다.

다운 연꽃들이 가득 피어난 드넓은 연밭을 실컷 즐길 수 있었다.
무더운 평일인데도 많은 관람객이 찾아 다양한 연꽃을 즐기고 있
었다.

　2009년 5월 함안 성산산성에서 연꽃 씨앗이 출토되었다. 연
꽃 씨앗은 분석 결과 700여 년 전 고려시대 것으로 확인되었다.

이듬해 함안박물관이 이 씨앗을 파종해 싹을 틔우는 데 성공했다. 이후 정성을 다해 키운 끝에 7월에 꽃을 피우는 데도 성공했다. 700년 만에 꽃을 다시 피운 것이다. 함안군은 이 지역이 본래 옛 아라가야가 있던 곳이기 때문에 '아라홍련'이라 명명했다.

고려시대 연꽃인 아라홍련은 700년이라는 세월을 건너뛰어 지금의 다양한 연꽃으로 분화되기 이전 본래 연의 모습을 그대로 간직하고 있다. 덕분에 우리나라 고유 연꽃의 특징을 확인할 수 있다. 꽃잎 하단은 백색, 중단은 선홍색, 끝은 홍색으로 현대의 연꽃에 비해 길이가 길고 색깔이 엷어 고려시대 불교 탱화에서 볼 수 있는 연꽃의 형태와 색깔을 그대로 간직하고 있다는 평가를 받는다.

아라홍련의 부활을 기념해 연꽃을 주제로 한 공원을 조성한 것이 바로 함안 연꽃테마파크다. 아라홍련을 비롯해 백련, 수련, 가시연 등 다양한 연꽃을 감상할 수 있다. 3년에 걸쳐 조성, 2013년 8월에 개장한 10만 9,000제곱미터 넓이의 함안 연꽃테마파크는 아라홍련을 중심으로 한 다양한 연꽃단지를 비롯해 전망대, 분수대, 쉼터, 방문객센터 등을 갖추고 있다.

전국의
연꽃 명소

한여름 연못에서 피어나는 정결하고 아름다운 연꽃. 이 연꽃 덕분에 7~8월의 무더위를 잠시나마 잊는 이들이 적지 않다. 최근 들어 7월과 8월 전국 곳곳에서 연꽃축제가 열리는데, 그 수가 갈수록 늘고 있다. 다양한 연꽃들이 수놓인 대규모 연꽃단지가 그만큼 많아졌다는 말이다. 지방자치단체들이 다양한 연못을 조성하고 각종 편의시설을 갖춘 연꽃단지를 조성한 덕분이다.

요즘 분위기와는 다른, 연꽃축제라는 말을 듣지도 못하던 30년쯤 전에 무안 회산백련지를 찾아간 기억이 새롭다. 당시로는 보기 드문 백련, 즉 흰 연꽃이 가득한 드넓은 연못의 장관이 주는 감흥을 지금도 되살릴 수 있다. 넓은 들판에 자리한 회산백련지는 동양 최대 백련 서식지로 알려져 있다.

전남 무안군 일로읍 복용리에 있는 회산백련지는 오래전부터 유명했다. 전체 면적이 31만 3,313제곱미터로, 2001년 동양 최대 백련 서식지로 기네스북에 등재된 곳이기도 하다. '회산(回山)'은 이곳 마을 이름이다.

일제 때 농업용수를 확보하기 위해 인근 마을의 주민들이 축조한 이 저수지는 영산강 종합개발계획으로 인해 농업용수를 공급하는 기능을 상실하면서 백련 서식지로 탈바꿈했다. 1955년

＊
경주의 동궁과 월지 연꽃단지 여름 풍경.

여름 어느 날, 이 마을의 한 주민이 연뿌리 12주를 이 저수지의 가장자리에 심으면서 시작되었다고 한다. 그날 밤 꿈에 하늘에서 학 12마리가 저수지에 내려와 앉는 모습을 보고 좋은 징조라고 여겨 정성을 다해 백련을 가꾸어갔다.

둘레가 3킬로미터인 이 백련지에서는 1997년부터 연꽃축제를 시작한 이후 해마다 축제를 열어왔다. 2022년에는 제25회 무안연꽃축제가 열렸다. 멸종 위기 식물인 가시연꽃 집단서식지이기도 한 회산백련지에는 수련, 홍련, 애기수련, 어리연, 노랑어리연 등 30여 종의 연꽃과 50여 종의 수생식물이 서식하고 있다.

부여 궁남지 연꽃도 유명하다. 궁남지는 서동요 설화로 잘 알려진 백제 무왕 35년에 만들어졌다. 이곳은 우리나라에서 가장 오래된 인공 연못이기도 하다. 7월이면 5만여 평에 달하는 연못이 연꽃으로 가득하다. 백련, 홍련, 수련, 가시연 등 다양한 연꽃이 피어난다.

부여군은 이곳을 널리 알리기 위해 2003년 8월 제1회 부여서동연꽃축제를 연 이후 해마다 축제를 개최하고 있다. 형형색색의 연꽃들을 관람하며 다채로운 문화 체험 행사에 참여할 수 있다. 밤에는 연꽃을 배경으로 하는 조명 쇼가 펼쳐진다. 2022년 제20회 부여서동연꽃축제는 7월 14일부터 4일간 펼쳐졌다.

우리나라 최대 연근 생산지인 대구 안심(반야월) 연꽃단지도 유명하다. 2014년 안심지역이 국토교통부의 '도시활력증진 개

*
영양 서석지 연꽃 풍경.

발지역' 공모사업에 선정된 이후 대구시 동구청이 사업비 80억 원을 들여 '안심창조밸리 조성사업'을 추진하면서, 이 연꽃단지도 새롭게 변신했다. 데크로드, 전망대, 연생태관, 레일카페 등 부속시설과 편의시설이 잘 갖추어져 도심 속의 힐링 공간으로 자리 잡아가고 있다. 가남지 코스, 점새늪 코스, 안심습지 코스 등

13킬로미터에 이르는 산책로 네 곳이 조성되어 있다. 이곳에서도 2017년부터 연꽃축제가 열린다.

경주 동궁과 월지 연꽃단지, 시흥 연꽃테마파크, 전주 덕진 공원 연꽃단지, 양평 세미원, 함양 상림연꽃단지, 청도 유등지, 영양 서석지 등도 널리 알려진 연꽃 명소다.

연꽃
이야기

고려 충선왕이 젊은 시절 원나라에 가 있을 때, 한 여인과 사랑에 빠지게 되었다. 그 여인도 왕을 뜨겁게 사랑했다. 그러던 중 왕이 고려로 귀국하게 되었다. 여인은 당연히 따라나서려 했지만, 함께 돌아갈 수 있는 상황이 아니었다. 어쩔 수 없이 이별해야 하자, 충선왕은 사랑의 정표로 연꽃 한 송이를 꺾어 연인에게 주고 떠나왔다. 둘의 심정이 어떠했을까.

떠나온 후 왕은 한시도 그리움을 이기지 못해 동행했던 이제현에게 다시 돌아가서 여인이 어떻게 지내는지 살펴보게 했다. 이제현이 찾아가 보니 여인은 다락 속에 있었는데, 며칠 동안 식음을 전폐하여 말도 제대로 못 할 지경이었다. 여인은 겨우 몸을 일으키고 억지로 붓을 들어 시 한 수를 적어주었다.

떠나시며 건네주신 연꽃 한 송이
처음에는 그렇게도 곱고 붉더니
가지를 떠난 지 지금 몇 날인가
초췌해진 모습이 나와 같구나

그 시를 가지고 돌아온 이제현은 가슴이 아팠지만, 왕을 위해 그대로 전할 수 없어 엉뚱한 보고를 했다.

"그 여인은 술집으로 들어가서 젊은 남자들과 술을 퍼마시면서 날을 보내고 있다고 하는데, 어디 있는지 찾을 수가 없었습니다."

이제현은 이듬해 왕의 생일을 맞아 비로소 여인의 시를 올리며 사실을 고하고 사죄하며 처벌을 기다렸다. 사연을 알게 된 왕은 눈물을 흘리며 말했다.

"만약 내가 그때 이 시를 보았다면, 물불을 가리지 않고 그 여인에게 되돌아갔을 것이오. 경이 나를 사랑하여 일부러 거짓말을 하였으니, 참으로 충성스러운 일이오."

조선시대 학자 성현의 『용재총화』에 수록된 이야기다.

연은 특히 불교와 인연이 깊은 식물이다. 연의 성품은 부처의 성품, 즉 불성(佛性)과 일맥상통하는 특징을 지니고 있다. 우선 연은 늪이나 연못의 진흙 속에서도 맑고 깨끗한 꽃을 피워낸다. 이것은 사람의 마음은 본래 청정하여 비록 나쁜 환경에 처해

*
함안 연꽃테마파크의 수련.

있더라도 그 성질은 절대 더럽혀지지 않는다는 불교의 기본교리에 비유할 수 있다. 그리고 연은 꽃이 피는 동시에 열매를 맺는다. 이것은 모든 중생은 태어남과 동시에 불성을 지니고 있으면서 성불할 수 있다는 사상을 반영하고 있다. 또한 연꽃은 아름다우면서도 고결한 풍모를 지니고 있어 세속을 초월한 깨달음의 경지를 연상시킨다. 그 자태는 곧 부처의 모습에 비유할 수 있는 것이다.

연꽃은 선비들로부터도 사랑을 받았다. 연꽃을 찬미한 글로는 북송 유학자 주돈이의 「애련설(愛蓮說)」이 유명하다. 국화는 '은일'로, 연꽃은 '군자'로, 모란은 '부귀'로 특징지으면서 자신은 연꽃을 사랑한다고 읊조린다. 군자를 사랑하기에 그 특성을 지닌 연꽃을 사랑한다는 글이다.

물과 육지에서 피는 초목의 꽃 가운데에는 사랑스러운 것들이 매우 많으나, 진나라의 도연명은 유독 국화를 사랑하였고, 당나라 이래로는 세상 사람들이 모란을 매우 사랑했다. 하지만 내가 유독 연꽃을 사랑하는 이유가 있다. 연꽃은 진흙에서 나왔으나 더럽혀지지 않고, 맑은 물결에 씻어도 요염하지 않으며, 속은 비어 있고 밖은 곧으며, 덩굴지지 않고 가지를 치지 않는다. 그리고 향기는 멀어질수록 더욱더 맑으며, 우뚝한 모습으로 깨끗하게 서 있어 멀리서 바라볼 수는 있지만 함부로 하거나 가지고 놀 수 없음을 사랑한다.

*
중국 항저우 서호의 연꽃 풍경.

　　내가 생각건대 국화는 꽃 가운데 은자(隱者)이고, 모란은 꽃 가운데 부귀자(富貴者)이며, 연꽃은 꽃 가운데 군자(君子)라고 하겠다. 아! 국화를 사랑하는 것은 도연명 이후에는 들은 바가 드물고, 연꽃을 사랑하는 것은 나와 함께 할 이가 누구일까? 모란을 사랑하는 이들은 마땅히 많을 것이다.

다산의 상징이자
치료제

연은 종자를 많이 맺기에 민간에서는 연꽃을 다산의 징표로 보았다. 부인의 의복에 연꽃의 문양을 새겨 넣는 것도 연꽃의 다산성에 힘입어 자손을 많이 낳기를 기원하는 것이었다.

연은 연못에서 자라는 식물이지만 논밭에다 재배하기도 한다. 뿌리는 옆으로 길게 뻗는다. 원주형에 마디가 많으며, 가을철에 끝부분이 특히 굵어진다. 잎은 뿌리에서 나와 물 위에 높이 솟는다. 잎 크기는 지름 40센티미터 정도인데 물에 잘 젖지 않는다. 꽃은 7~8월에 피며, 보통 연한 홍색 또는 백색이다. 꽃대 하나에 꽃 한 송이가 달린다. 꽃받침은 녹색이며 일찍 떨어진다. 꽃잎은 길이 8~12센티미터, 너비 3~7센티미터, 열매는 타원형에 길이가 2센티미터 정도인데 먹을 수 있다. 원산지는 인도다.

연은 실생활에서는 약재와 식용으로 애용되었다. 연꽃의 종자는 신체 허약, 위장염, 불면 등의 증상에 치료제로 이용되었다. 잎은 소변장애나 토혈 등의 증상에, 연근은 지사제나 건위제로 이용되었다. 연근은 식품으로도 많은 이들이 즐긴다.

억새와 갈대

화 왕 산　억 새 밭 ,

순 천 만　갈 대 밭

가을을 대표하는 꽃이라 하면 대부분 국화를 꼽을 것이다. 사군자(四君子 : 매화, 난초, 국화, 대나무) 중 하나로 예로부터 큰 사랑을 받아왔으며, 요즘도 곳곳에서 열리는 국화축제 등을 통해 많은 사랑을 받고 있다. 가을꽃으로 국화 못지않게 많은 사랑을 받는 꽃이 있다. 억새꽃과 갈대꽃이다. 꽃으로 생각하지 않는 사람들도 있겠지만. 산이나 해변, 늪이나 강변 등에 넓은 밭을 이루어 자라는 억새와 갈대는 가을이면 회색이나 갈색 꽃을 피워 사람들의 마음을 어루만진다.

*
가을에 사람들의 마음을 어루만지는 억새.

억새는 산에 주로 자라고 갈대는 해변이나 강가에 주로 자라
지만, 억새와 갈대를 구별하기란 쉽지 않다. 꽃이 피고 지는 계절
이 비슷하고 크기도 비슷해 건성으로 보거나 말로만 들어서는 실
제 구별하기 어려울지도 모른다.

갈대는 습지나 개울가, 호수 주변의 모래땅에 많이 자란다.
억새는 산과 들 등 건조한 곳에 주로 서식한다. 하지만 물가에 서

식하는 경우도 많다. 예를 들면 창녕 우포늪 주변이나 대구 금호강 주변에도 억새와 갈대가 섞여 자라고 있다.

실제 갈대와 억새를 같이 놓고 보면 비교해보면, 그 이후로는 어렵지 않게 구별할 수 있을 것이다. 잎의 모양이나 잎이 나는 지점이 다르고, 피는 꽃의 모양과 색도 달라 분명히 차이를 알 수 있기 때문이다.

억새와 갈대의 대표적 명소 한 곳씩을 소개한다.

산 정상 분화구에 펼쳐진
억새밭

경남 창녕 화왕산 억새밭에 다녀왔다. '으악새 슬피 우니 가을인가요'라는 노랫말이 있다. 하지만 '으악새'가 슬피 우는 소리를 들어보지 못하고 산을 내려왔다. '으악새'는 억새라고 해석되기도 하지만, 작사자는 '으악, 으악' 우는 새 소리가 들려 붙인 이름이라고 설명했다. 10월 중순 늦더위가 기승을 부리는 한낮에 창녕 화왕산을 오르니 더위 속에 지친 데다 따갑고 강한 햇살이 정신을 들뜨게 했다. 억새가 만발한 등산철이라 등산객도 많았다. 단체 등산객들이 모여앉아 돌아가며 노래를 하는 팀도 있었다.

그러니 '으악새'가 울어도 들리지 않았을 것이다. 평소 '으악 새' 우는 소리를 들어보고 싶은 마음이 있었는데, 막상 산에 올라 서는 들어볼 생각도 못 했다. 그래도 눈이 어지러울 정도로 아찔 한 은빛 물결은 마음껏 즐길 수 있었다.

화왕산 억새밭으로 오르는 대표적 코스는 경남 창녕군 창녕 읍 쪽의 자하곡 매표소를 거쳐 화왕산성 서문을 통해 들어가는 길이다. 서문을 앞두고 가파른 오르막길을 헐떡이며 한참을 오르 다 보면 서문에 다다른다. 환장할 정도로 가파른 오르막길이라 '환장고개' 또는 '할딱고개'라 불리는 이 고개가 끝나면서, 이번 에는 너무 황홀해 환장할 정도의 억새 숲이 눈앞에 펼쳐진다.

산 정상 분화구 5만 6,000여 평에 가득한 억새밭이 피로를 싹 가시게 한다. 물론 억새 숲의 조밀도가 억새밭 전체 모두 균일 한 것은 아니다. 서문에 올라 왼쪽으로 가면 해발 757미터의 화 왕산 정상이고, 오른쪽으로 가면 남쪽의 배바위를 거치게 된다. 서문에서 배바위 쪽의 억새 숲이 장관이다. 어른 키를 훌쩍 넘는 억새밭이 이어진다. 특히 역광을 받는 억새꽃의 은빛 물결이 넘 실대는 모습은 환상적이다.

꽃이 핀 억새밭은 역광 방향으로 봐야 제대로 만끽할 수 있 다. 꽃들이 빛을 받아 찬란한 은빛으로 빛나는 장관을 연출하기 때문이다. 그래서 시간대에 따라 억새밭을 오르는 방향도 이에 맞추면 좋다. 오전에는 서쪽의 서문으로 오르고, 오후 늦은 시간

창녕 화왕산 억새밭 가을 풍경.
*

에는 동쪽의 동문으로 오르면 성문 안으로 들어서자마자 역광의 조화가 만들어내는 황홀한 은빛, 금빛 억새밭의 향연을 만끽할 수 있기 때문이다. 화왕산성으로 둘러싸인 광활한 분화구는 억새로 가득하다. 다른 것이라고는 남문 근처에 딱 한 그루 있는 나무와 간혹 보이는 바위가 전부다. 억새꽃은 11월 중순까지 구경할 수 있다.

둘레 2.7킬로미터의 화왕산성으로 둘러싸인 이곳 억새밭은 '십리 억새밭'이라고 부르기도 하는데, 그 연유에 대한 정확한 설명을 들을 수가 없었다. 창녕군청 관계 공무원들도 잘 모르겠다고 했다. 억새밭에 이리저리 난 억새 숲길을 모두 합친 길이가 10리 정도 되어 그렇게 부르는지 모르겠다.

억새 태우기와
갈대제

창녕에 속한 화왕산은 옛날부터 '불의 뫼', '큰 불뫼'라 불렸다. 화산 활동이 활발했던 산이라 그렇게 불렸을 것이다. 『동국여지승람』에는 화왕산의 명칭이 '화왕산(火王山)'으로 기록되어 있다. '큰 불산'이라는 뜻이다. 이런 연유로 화왕산에 불기운이 들어야 풍년이 들고 재앙이 물러간다는 속설도 전한다.

화왕산 억새밭 길을 걷고 있는 탐방객.
*

창녕군은 1995년 음력 정월 대보름에 처음 억새 태우기 행사를 시작했다. 이후 1996년과 2000년, 2003년, 2006년에도 행사를 신행했다. 화왕산 정상에서 풍년과 주민들의 안녕을 기원하는 상원제(上元祭)를 지낸다. 그리고 정월 대보름달이 떠오르는 시간에 맞춰 하늘을 진동시키는 화왕의 북 울림이 펼쳐지는 가운데, 대형 달집태우기를 시작으로 화왕산성 내 억새밭이 불바다로 변한다. 50여 미터의 불기둥이 솟구치는 가운데 순식간에 산 전체가 화염에 휩싸이면서 넓은 억새밭은 불과 20여 분만에 모두 불타버린다.

전국 유일의 산상 축제인 화왕산 억새 태우기 행사는 전국 각지에서 몰려온 수만 명의 사람들이 참여하는 유명 축제로 자리매김했다. 통일 염원, 액땜 연날리기, 소원풀이 짚단 태우기, 산상음악회, 전통 민속놀이 등이 식전 행사로 펼쳐지는 이 행사는 3년마다 열린다.

가을에는 화왕산 갈대제가 열린다. 1971년부터 시작된 갈대제는 매년 10월 화왕산 억새밭에서 열린다. 곽재우 장군의 화왕산성 전투의 승전을 기념하고 남북통일을 기원하는 산신제와 횃불 행진, 캠프파이어 등이 펼쳐진다.

억새밭에서 펼치는 행사를 '갈대제'라 이름을 붙인 이유에 대해서는 억새밭 분지 안에 있는 못인 용지 주변 일부에 갈대가 자라고 있기 때문이라는 설명이다. 산 정상에 갈대가 있는 희귀

한 생태를 알리기 위해 갈대제라는 이름을 붙였다고 한다.

창녕 조씨의
유래가 있는 곳

창녕군에서 가장 높은 산인 화왕산 정상의 분화구 구릉지는 많은 유적과 이야기를 담고 있다. 화왕산 정상에는 아홉 곳의 샘과 세 곳의 못이 있어 이를 구천삼지(九泉三池)라 불렀다. 삼지는 아무리 가물어도 마르지 않았고, 신라 때는 못의 물이 맑아 용이 사는 못이라 하여 용지(龍池)라고 불렀다.

이 용지는 창녕 조씨 성과 관련된 곳이기도 하다. 신라 진평왕 때 한 여성이 용지에서 기도를 통해 병을 치료하고, 겨드랑이에 조(曺) 자 무늬가 있는 아들을 낳았다. 그 아들에게 진평왕이 조(曺)라는 성을 내리고, 용지에서 동해 신룡의 정기를 이어받았다 하여 이름을 '계룡(繼龍)'이라 지어주었고, 그 뒤 아이가 장성해 진평왕의 사위가 되었다 전한다. 이를 기념해 용지 근처에 높이 2.4미터의 자연석에다 '창녕조씨득성비'라 새긴 비석을 세워놓고 있다.

화왕산성은 가야시대 때 처음 축조한 성으로, 산 정상부의 분화구를 둘러싼 포곡식(包谷式) 산성이다. 현재 남아 있는 산성

억새밭을 둘러싸고 있는 화왕산성.

은 1.8킬로미터다. 동쪽 성벽이 대부분을 차지하며 돌로 쌓았다. 서쪽 성벽은 흙과 돌을 섞어 쌓았다. 『세종실록지리지』 등에 따르면 이 성은 조선 전기에 폐성되었다고 한다. 그러나 1596년에 다시 쌓았고, 그 이듬해 홍의장군 곽재우가 이 성을 근거지로 의병 활동을 전개하면서 내성을 쌓았다.

세 연못은 현재도 확인되며, 산성 중앙의 연못 주위에는 많은 건물터가 남아 있다. 또한 성안 곳곳에서는 고려, 조선의 자기편과 가야, 신라의 토기편이 출토되고 있어 가야시대부터 조선시대까지 장기간에 걸쳐 화왕산성을 이용했음을 짐작할 수 있다.

억새밭 북쪽이 산 정상이고, 남쪽에는 배바위가 있다. 천지개벽 때 배를 묶어놓았던 흔적이 있어 배바위라는 명칭이 붙었다고 전한다. 배바위는 높이 15미터, 폭 20미터의 자연석 두 조각으로 나뉜 바위다.

70만 평에 이르는
광활한 갈대숲의 장관

하늘에만 안항(雁行: 기러기 행렬)이 있는 것이 아니다. 하늘에는 새들의 안항이 있고, 땅 위에는 사람들이 만드는 '인항(人行)'이 있는 곳이 바로 전남 순천만 갈대밭이다. 이곳에서 드넓은 갈대밭 사이로 만들어놓은 길을 따라 붉고 노란 옷을 입은 관광객들이 이어지고 있는 모습을 멀리서 보니, 문득 기러기 행렬이 떠올랐다.

순천만 갈대숲은 국내에서 가장 규모가 크지 않을까 싶다. 여수반도와 고흥반도가 둘러 있고 남해를 향해 펼쳐져 있는 갯벌에 형성된 순천만 갈대숲은 넓기만 한 것이 아니다. 사시사철 빼어나게 아름다운 풍광을 선사하는 명소다.

순천시 대대동과 교량동, 해룡면의 중흥리, 해창리, 선학리 일대 갯벌을 빽빽하게 뒤덮고 있는 갈대밭은 그 넓이가 무려 70만 평에 이른다 한다. 자연적으로 형성된 갈대밭으로, 갈대 군락지의 면적은 해마다 늘고 있다. 순천만 갈대숲의 특징은 갈대들이 빈틈없이 자라고 있는 밀생(密生) 군락이라는 점이다. 그렇기에 사람의 키보다 훨씬 높이 자란 갈대숲은 텃새와 철새의 보금자리로 최적의 장소가 되고 있다.

갈대가 찬바람에 일렁이며 황금빛 물결을 선사하는 11월이면 천연기념물인 흑두루미와 검은머리갈매기, 황새, 저어새, 청둥오리, 민물도요 등 200여 종 5만여 마리의 진객이 이곳을 찾아든다. 철새가 V 자

*
드넓게 펼쳐진 순천만 갈대밭. 나무로 만든 산책로를 따라
사시사철 각별한 풍경을 만끽할 수 있다.

편대로 비행하는 장관은 물론, 짱뚱어가 사는 갯구멍을 노리며 끈질기게 기다리는 백로도 볼 수 있다.

순천만 갈대숲의 명물로 소금기를 먹고 자란다는 붉은 칠면초가 특히 눈길을 끈다. 갈대숲 사이 곳곳에 수만 평씩 군락을 이뤄 자생하는 칠면초는 초록색이나 갈색의 갈대밭, 짙은 회색의 뻘밭 등과 색상 대비를 이루며 멋진 풍광을 선사한다. 칠면초의 붉은 기운은 11월 초에 절정을 이룬다.

순천만 갈대숲의 백미는 낙조다. 칠면초나 단풍보다 더 붉게 타는 것이 순천만의 노을이다. 뱃길 투어, 갯벌 체험, 갈대밭 산책을 위해서는 별량면이 수월하지만, 순천만을 한눈에 굽어보려면 최고의 전망대이자 낙조 포인트인 해룡면 용산에 올라야 한다. 햇솜처럼 부푼 갈대꽃이 노을빛으로 물들면, 물기 머금은 갯벌은 황금빛으로 반짝인다. 칠면초 군락은 해풍에 붉은 파도를 만들어낸다. 갈대밭 사이를 S 자로 휘감아 도는 물길은 황금빛 물결을 빚어낸다. 그 위로 허허롭게 날던 철새 편대가 저녁노을 가로지르면 한 폭의 거대한 수채화가 완성된다.

수로를 따라 걷는
갈대밭 탐방로

아침에 잠자리에서 일어나 밖으로 나오면, 밤새 진주해온 적군들처럼 안개가 무진을 뼁 둘러싸고 있는 것이었다. 무진을 둘러싸고 있는 산들도 안개에 의하여 보이지 않는 먼 곳으로 유배당해버리고 없었다. 안개는 마치 이승에 한이 있어서 매일 밤 찾아오는 여귀가 뿜어내놓는 입김과 같았다. 해가 떠오르고, 바람이 바다 쪽에서 방향을 바꾸어 불어오기 전에는 사람들의 힘으로써는 그것을 헤쳐 버릴 수가 없었다.

초원처럼 펼쳐진 갈대밭을 돌아보는 데는 김승옥의 소설 『무진기행』에서 '안개나루'로 소개된 대대동 대대포구에서 배를 타거나, 나무로 만든 탐방로를 이용하는 것이 좋다. 대대포구에서 별량면 쪽으로 이어진 수로를 따라가며 갯벌 위에 자라고 있는 갈대밭의 진수를 접할 수 있기 때문이다.

갈대밭 사이에 지그재그로 이어지는 나무데크 탐방로는 약 1킬로미터다. 탐방로를 거닐다 보면 갯벌 사이로 들락거리는 게를 쉽게 볼 수 있다. 데크에 엎드려 게 낚시에 빠져 있는 아이들도 만날 수 있다. 갈대숲 사이에 둥지를 튼 가창오리 떼도 눈에 띈다.

탐방로는 용 모양이라 해서 이름이 붙여진 용산의 전망대로 이어진다. 순천만 전경을 가장 잘 감상할 수 있는 장소이고, 최고

*
순천만 갈대밭 겨울 풍경.

의 낙조 포인트다. 해가 별량면 야산 뒤로 숨기 시작하면 갈대밭은 황금빛으로, 하늘은 주홍, 보랏빛을 거쳐 잿빛으로 변신한다. 드넓은 갯벌에 펼쳐진 갈대숲은 독특한 바다 정취와 함께 멀리 보이는 작은 섬들의 풍광과 어우러져 신비한 분위기를 자아낸다.

지금은 철새와 갯벌, 어패류, 갈대밭이 어우러진 생태계의 보고이자 사진가와 여행객이 몰려드는 명소가 되었지만, 한때 광양과 순천을 잇는 도로 건설을 위해 매립 위기에 놓이기도 했던 순천만이다. 지역 주민들의 반대로 살아남아 자연과 인간이 공존하는 낙원으로 보존되고 있는 것이다. 순천만은 총 40킬로미터 정도의 해안선으로 둘러싸여 있다. 갯벌, 갈대밭, 염습지 등이 고루 발달해 있으며, 갯벌 면적은 800만 평에 이르는 드넓은 생태의 보고다.

봉화 백두대간 수목원

백두산 호랑이도 있는 자연정원

'하늘은 높고 말이 살찌는〔天高馬肥〕' 가을. 뭘 해도 좋은 계절이다. 책 읽기도 좋고, 캠핑하기도 좋고, 차 마시기도 한층 좋은 때다. 이런 가을의 산하를 수놓는 대표적인 꽃은 들국화와 코스모스다. 청명한 날씨의 산과 들판이 사람을 유혹하고, 코스모스와 들국화가 가을 분위기에 어울리는 모습과 빛깔로 사람들의 마음을 어루만진다.

들국화는 특정 꽃의 이름이 아니다. 구절초, 산국, 감국, 쑥부쟁이 등이 들국화라 불리는 들꽃들이다. 구절초(九節草, 九折

백두대간수목원의 잣나무숲길.

草)는 음력 9월 9일 중양절 즈음에 약효가 가장 좋아, 이때 꺾어서 약으로 쓴다고 하여 붙은 이름이다.

구절초와 관련해서는 이런 전설도 있다. 옛날 한 여인이 결혼했지만 아이가 생기지 않았다. 온갖 방법을 써도 아이가 생기지 않아 큰 걱정이었는데, 한 스님이 어느 절에 가서 치성을 드리라고 알려주었다. 여인은 그 절에서 약수로 밥을 해 먹고 구절초를 달인 차를 마시면서 결국 아이를 얻었다. 그래서 구절초를 선모초(仙母草)라고도 부른다. 정읍에서는 이 구절초를 주제로 한 '정읍 구절초 꽃 축제'를 해마다 열고 있다.

구절초와 함께 흔하게 눈에 띄는 것이 쑥부쟁이다. 동생들의 끼니를 때우기 위해 쑥을 캐러 간 불쟁이(대장장이)의 딸이 죽고 난 뒤 그 자리에서 꽃이 피었다고 해서 '쑥부쟁이'라는 이름이 붙었다는 전설이 있다. 쑥부쟁이 꽃은 보통 연한 보라색이다.

구절초와 쑥부쟁이의 꽃을 구별하기란 쉽지 않다. 시인 안도현도 그랬던 모양이다. 그래서 「무식한 놈」이라는 시를 통해 이렇게 이야기했다.

쑥부쟁이와 구절초를
구별하지 못하는 너하고
이 들길 여태 걸어 왔다니

나여, 나는 지금부터 너하고 절교(絶交)다!

해마다 열리는
봉자페스티벌

2022년 10월 2일과 3일 구절초, 쑥부쟁이 등 다양한 가을꽃이 한창인 봉화 국립백두대간수목원을 다녀왔다. 호랑이도 볼 겸 가보고 싶었던 곳이었다. 마침 '2022 가을 봉화 자생꽃 페스티벌(봉자페스티벌)'이 열리고 있었다.

봉자페스티벌은 백두대간을 포함한 우리나라 자생식물을 연구하고 보존하기 위해 조성된 백두대간수목원이 마련한 우리 꽃 축제다. 봉자페스티벌이 열리는 '잔디언덕'에 가을의 대표 자생식물인 구절초, 산국, 쑥부쟁이, 해국, 층꽃나무, 마편초 등이 드문드문 멋진 금강송이 자리 잡은 잔디 언덕 곳곳을 수놓고 있다. 봉화지역 31개 농가에 위탁해 재배한 17종 42만 그루의 자생식물이라고 한다.

그네의자, 카우치 등 편의시설도 갖춰져 있는 이곳에서 의자에 앉아 풀 냄새, 바람, 물소리 등을 온몸으로 느꼈다. 해발 1,205미터 문수산 자락의 가을빛과 하늘이 어우러지는 풍경을 감상하는 여유를 만끽하며 더할 나위 없는 시간을 보낼 수 있었다.

2022년 가을, 봉화 자생꽃 페스티벌이 열린
백두대간수목원의 잔디언덕.

백두대간수목원은 경북 봉화군 춘양면 문수산 자락에 조성되었다. 이곳은 해발 500미터 이상 되는 청정한 산자락이다. 하룻밤을 근처 수목원 숙소에서 묵었는데, 마침 밤하늘이 매우 맑아 오랜만에 쏟아질 것 같은 별이 수놓인 밤하늘을 쳐다보며 카시오페이아자리, 북두칠성, 북극성 등을 찾아보는 즐거움도 누릴 수 있었다.

30여 개 주제의
자연 정원들

봉화 문수산 자락에 펼쳐져 있는 백두대간수목원은 누구나 좋아할 자연 정원이다. 걷기를 좋아하는 사람, 초목에 관심 있는 사람이라면 특히 좋아할 곳이다. 30여 개의 다채로운 주제 정원이 하천을 따라 펼쳐지고, 산속에는 각기 다른 분위기의 숲길이 조성되어 있다. 계절별로 조성된 수많은 우리나라 자생 초목의 꽃과 열매를 보고 즐기면서, 해발 500~600미터의 청정한 산속 자연 내음을 만끽할 수 있는 천국이다.

방문자센터를 통해 하천을 건너는 다리를 지나 수목원에 들어서니, 먼저 '덩굴정원'의 덩굴식물 터널이 들어오라고 손짓했다. 머루, 오미자, 다래, 조롱박 등의 잎이 단풍으로 물들고 있었다. 드문드문 보이는 열매를 따 먹으며 달콤새콤한 맛을 즐겼다.

　'비비추원'과 '원추리원'을 거쳐 '수련정원'의 연못을 보니 예쁜 연꽃들이 물 위에 떠 있고, 수련 주위로 맑은 하늘이 비치고 있었다. '장미정원', '약용식물원'을 지나니 '돌틈정원'이 나왔다. 말 그대로 크고 작은 돌들로 조성한 정원의 돌 틈 사이에 다양한 식물들이 자라며 꽃을 피우는 곳이다. 모든 초목 앞에는 명패를 세워놓아 이름을 알 수 있었다.

　'거울연못'은 하천 옆에 조성한 작은 못인데, 주변 경치를 마치 거울처럼 비춰주며 특별한 분위기를 선사했다. 나무데크 길을 걸으며 철 따라 변하는 다양한 풍광을 즐길 수 있다. 연못 옆에는 '매화원'이 펼쳐진다.

　이곳에서 하천을 건너면 '잔디언덕'과 '돌담정원'이 나온다. 돌담정원은 다랑논처럼 돌담을 층층이 쌓아 조성한 정원이다. 잔디정원에는 멋진 자태를 자랑하는 금강송이 잔디밭 곳곳에 들국화 등 다양한 가을꽃들과 함께 자리 잡고 있었다. 이곳에서 그네의자에 앉아 맞은편의 문수산 정상 쪽 풍경을 한참 동안 바라보았다. 오감을 힐링하기에 더없이 좋은, 방문객의 최적 휴식처라는 생각이 들었다. 건너편 산자락에 펼쳐진 '야생화언덕', '암석원', '자작나무원'도 눈에 들어왔다. 야생화언덕은 여름 봉자페스티벌이 열리는 곳이다.

　잔디언덕에서 한참 머물다가 야생화언덕 쪽으로 올라갔다.

야생화언덕 위의 암석원은 아주 독특한 정원이다. 크고 작은 다양한 바위를 모아 조성한 정원으로, 넓이는 1만 6,424제곱미터에 이른다. 암석원은 생태적으로 고산지대의 나무가 살 수 있는 한계선인 수목한계선 주변에 자라는 식물들을 암석 위나 그 주변에 자연스럽게 심어 보여주며 보존하는 곳이다. 고산식물을 암석과 함께 매우 자연스럽게 배치해놓고 있었다. 지하 1.5미터까지 자갈을 깔아 풍혈(風穴)을 만들어 여름철 기온을 낮출 수 있는 구조로 조성했다고 한다. 대표 수종은 월귤, 시로미, 털진달래 등이다.

월귤은 블루베리의 사촌뻘 되는 과일이다. 우리나라에서는 설악산 이북의 높은 산이나 백두산의 바위틈에 자란다. 시로미는 높은 산 정상에서 자라는 상록 관목이다. 오밀조밀 모여 자라는 시로미는 잎은 밀생하고 흰색 잔털이 있으며, 자주색 꽃이 핀다. 한라산 고산지대에서 자생하는 구상나무도 있다. 암석원 가운데로 작은 개울을 만들어놓아 흐르는 물소리를 들으며 주변 풍광을 즐길 수 있었다.

암석원 위는 '자작나무원'이다. 한대와 온대 지역 산림을 대표하는 자작나무, 사스래나무, 만주자작나무 등 전 세계의 다양한 자작나무속 식물을 심어 키우고 있다. 노각나무, 물박달나무, 흰말채나무, 개벚지나무 등도 있다. 최근에 심은 묘목들도 많이 보였다.

백두대간수목원의 돌틈정원.

호랑이숲과
다양한 숲길

자작나무원 옆으로 가면 호랑이를 볼 수 있는 '호랑이숲'이다. 호랑이숲 전체 넓이는 3.8헥타르. 우리 땅에서 사라진 지 100년 된 멸종위기종 백두산 호랑이(시베리아 호랑이)의 종 보전과 야생성을 지키기 위해 자연 서식지와 유사한 환경을 조성하고, 체계적 관리를 위한 연구를 진행하고 있는 곳이다.

이 호랑이숲 한 귀퉁이에 만든 철망 우리에서는 숲을 거닐거나 쉬고 있는 호랑이 두 마리를 볼 수 있었다. 내가 갔을 때는 한 마리가 쉼터 위에 올라앉아 있고, 한 마리는 주위를 어슬렁거리며 관람객들에게 즐거움 선사했다. 통나무로 만든 정자 위에 올라가기도 하고, 통나무 놀이기구를 오르내리며 놀기도 했다. 정해진 시간에 가야만 호랑이를 만날 수 있다. 어린 시절 옛날이야기로만 듣던, TV로만 본 호랑이를 바로 눈앞에서 보는 특별한 기분을 맛보았다.

백두대간수목원은 2018년 5월부터 백두산 호랑이 방사장을 운영 중이다. 현재 백두산 호랑이 여섯 마리가 살고 있다. 이들의 주식은 닭고기와 소고기라고 한다.

이 수목원이 특히 좋은 점은 호젓한 숲길이 많다는 것이다. '잣나무숲길', '명상숲길', '산수국숲길', '고산습원숲길', '돌틈생

백두대간수목원 호랑이숲의 놀이시설에 올라 쉬고 있는 호랑이.

호랑이숲에서 거닐고 있는 호랑이.

태숲길', '연수동숲길', '만병초원숲길' 등이 있다. 계절마다 다르게 펼쳐지는 숲속 자연의 모습과 기운을 만끽할 수 있다.

가을이라 이런 숲길을 걸으며 밤나무, 잣나무, 호두나무, 산딸나무, 산초나무 등의 열매를 맛보는 재미도 누릴 수 있었다. 곳곳에 의자, 평상 등이 마련되어 쉬어가면서 걸을 수 있다. 명상 숲길에는 자연과 함께 명상할 수 있도록 잣나무를 이용한 해먹을 곳곳에 설치해놓았다.

2018년 개원한
아시아 최대 수목원

한국수목원정원관리원 산하 국립백두대간수목원은 백두대간의 중심에 자리 잡은 아시아 최대 규모의 시설로, 생태계와 산림생물자원 보전·관리를 위해 2009년부터 2015년까지 2,200억 원을 투입해 조성했다. 개원은 2018년 5월.

경상북도 봉화군 춘양면 일대에 자리한 백두대간수목원은 기후변화에 취약한 산림생물자원의 체계적 보전 및 활용기반 구축 등에 특화된 수목원이다. 국내외 야생식물 종자의 영구 보존 사업을 수행하고 산림생물자원의 수집·증식·보전·전시 및 자원화 사업을 진행해 국민의 삶의 질을 향상하고 지역 균형 발전에

백두대간수목원의 덩굴정원 풍경.

이바지함을 목적으로 하고 있다.

전체 규모 5,179헥타르인 이 수목원은 아시아에서는 최대, 전 세계에서도 6,229헥타르 넓이의 남아공 국립한탐식물원 다음으로 큰 규모다.

이 수목원의 특별한 중요 시설로 '시드 볼트(Seed Vault)'가 있다. 일반인 출입이 통제되는 시드 볼트는 지구에 대재앙이 닥쳐 식물이 사라질 때를 대비해 종자를 영구 저장할 목적으로 지어진 영구 저장 시설이다.

전 지구적 생물 다양성 보전을 목표로 야생식물 종자를 수집하고 보존하는 이 시드 볼트는 지하 46미터 깊이에 두께 60센티미터의 강화 콘크리트 구조물로 만들었다. 진도 6.9를 견딜 수 있는 내진 설계 시설까지 갖추고 있다. 자연재해, 전쟁, 핵폭발 등에 대비한 것이다. 2,100제곱미터 규모의 지하 터널형으로 건설되었다. 200만 점 이상의 종자 저장이 가능하며, 전 세계 종자 저장 선도기관으로 2030년까지 세계 식물 종자 1만여 종을 확보할 계획이다.

종자를 장기 저장하는 '시드 뱅크(Seed Bank)'는 많이 있지만, 영구 저장이 가능한 시드 볼트는 전 세계에 스발바르 제도의 스발바르 국제종자저장고와 백두대간수목원의 시드 볼트 두 곳뿐이다. 또한 스발바르 국제종자저장고가 주로 식량 작물을 위주로 보관하는 데 비해, 이곳은 식량 작물 종자와 더불어 야생식물 종자도 보관하고 있다.

이곳의 '알파인 하우스'도 다른 수목원에서는 볼 수 없는 시설이다. 세계 고산식물 자원을 수집 전시하기 위해 조성한 대형 냉실이다. 3개 동의 냉실은 고산지대의 특수 환경을 재현하기 위해 배수가 잘되는 토양 조건과 저온 항온습 시스템을 갖추고 있다. 다양한 희귀 고산식물을 한자리에서 볼 수 있는 곳이다.

버들가지 꺾어 천 리 먼 곳 그대에게 보내니

나를 위해 뜰 앞에 심어 두고 보기 바랍니다

하룻밤 지나 새잎 돋아나면 알아주세요

초췌하고 수심 어린 눈썹의 이 몸인 줄을

나무의 장

봄버들

꽃보다 설레게 하는
봄버들

3월 중순이면 주변 곳곳에서 목련, 개나리, 살구꽃 등 다양한 봄꽃들이 다투어 피어난다. 꽃들에 이어 온갖 초목들이 새싹과 새잎을 피워내며 완연한 봄 천지를 펼쳐낸다. 이처럼 온갖 봄꽃들이 본격적으로 피어나며 산야를 본격적으로 수놓기 전, 연두색, 녹황색 기운으로 하천 변과 들판 곳곳을 연둣빛으로 물들이는 나무가 있다. 버들이다. 설레는 마음으로 이른 봄의 봄빛을 기다릴 때, 매화 다음으로 꽃이 피기를 기다리는 나무다.

봄기운이 돌기 시작하면 대체로 매화를 비롯해 노란 영춘화와 산수유꽃이 거의 동시에 피어나 가장 먼저 봄소식을 전한다. 이때는 이런 꽃을 볼 수 없는 곳은 여전히 회색빛 천지다. 이런 시기에 야외에 나가면 연둣빛으로 봄기운을 느낄 수 있게 해주는 것이 바로 버들이다. 버들이 피우는 꽃 덕분이다.

　버들에게 꽃이 있는지도 모르는 사람이 있겠지만, 버들도 매화처럼 꽃이 먼저 피고 나중에 잎이 난다. 봄버들은 이른 봄에 봄기운을 제대로 느껴보려는 사람들에게 매화와 더불어 가장 반가운 존재다. 온갖 봄꽃들이 본격적으로 피어나면서 봄 천지를 펼치는 것을 한발 앞서 인도하기 때문이다.

　꽃을 피우기 시작하는 이른 봄의 봄버들은 관심을 갖고 살피지 않으면 그 기운을 잘 느낄 수 없다. 회색빛 천지 속에 안개처럼 흐릿하게 그 빛을 드러내기 시작하기 때문이다. 처음에는 아주 옅은 연두색이나 녹황색으로 그 존재를 드러낸다. 어떤 색인지 말로 표현하기 어려운 빛깔이다. 꽃봉우리들이 가지마다 촘촘히 맺혀 있는데, 꽃이 피기 전부

대구 동촌 금호강변의 봄날 수양버들 풍경.

안동 도산서원 앞 왕버들.
4월 하순의 모습이다.

터 그 봉우리들이 봄기운에 따라 점점 커진다. 그 가운데 초록빛을 드러내면서 은은하게 빛난다. 꽃을 본격적으로 피우기 시작하면 그 빛이 점점 더 짙어진다.

매화나 산수유 말고는 꽃을 볼 수 없는 이른 봄, 저 멀리 황금빛, 연둣빛으로 보이는 초목은 모두 봄버들이라고 봐도 틀리지 않을 것이다. 그 자태가 연둣빛 구름을 두르고 있는 듯하다. 봄버들은 이렇게 멀리서 보는 맛이 제격이다. 강아지풀꽃처럼 생긴, 꽃 자체의 모습은 사람들의 눈길을 끌 만큼 매력적이지는 않기 때문이다.

대구에서는 3월 초순부터 버들이 꽃을 피우기 시작한다. 금호강이나 신천 등에 가보면 곳곳에서 연둣빛 완연한 수양버들을 쉽게 만날 수 있다. 대구 근처에 있는 경산 반곡지 왕버들도 못물과 어우러지는 황홀한 풍광으로 많은 상춘객의 발길을 끌어들인다.

김홍도의 봄버들
'마상청앵도'

봄버들이 선사하는 봄의 정서를 기가 막히게 표현한 그림이 있다. 바로 단원 김홍도의 걸작 '마상청앵도(馬上聽鶯圖)'다. 봄이 오면 언제나 떠오르는 그림이다. 이 작품은 제목이 말해주듯 말 위에서 꾀꼬리 소리를 듣는 모습을 그리고 있다. 어느 봄날, 말을 타고 가던 한 선비가 말을 멈추고 고개를 돌려 길옆의 수양 버들을 올려다보고 있다. 연둣빛 수양버들 가지 위에는 꾀꼬리 두 마리가 놀고 있다. 길옆에는 풀들이 새싹을 내밀고 있다. 이른 봄날의 수양버들 모습이다.

부채를 들고 갓을 쓴 선비가 문득 들려오는 꾀꼬리 소리를 듣고는, 말을 멈춘 뒤 수양버들을 올려다보는 순간을 포착하고 있다. 반가운 정경에 반해 넋을 놓고 바라보는 선비의 모습을 너무나 잘 담아내고 있다. 이른 봄의 정취를 이보다 더 잘 표현할 수 있을까 싶다. 화면 왼쪽 위에는 화제(畵題)가 있다.

어여쁜 여인이 꽃 속에서 천 가지 가락으로 생황을 불고 있나
운치 있는 선비의 술상 위에 오른 한 쌍의 밀감인가
수양버들 늘어진 언덕을 어지러이 오고 가는 금빛 베틀북이여
봄날 강가에 자욱한 비안개 끌어다가 고운 비단을 짜고 있구나

화제의 내용도 멋지다. 이른 봄, 황량한 들판 곳곳에서 연둣빛을 띠기 시작하며 먼저 봄을 알리는 버들을 볼 때마다 이 그림을 떠올리곤 한다.

김홍도의 '마상청앵도'.

봄버들은
즐거운 놀이도구

버들이라고도 부르는 버드나무는 전 세계적으로 520여 종이 있고, 우리나라에는 40여 종이 있다. 왕버들, 수양버들(실버들), 능수버들, 갯버들 등 다양하다. 수백 년 된 크고 오래된 버들은 대부분 왕버들이다. 왕버들과는 달리 수양버들은 이름 그대로 가지를 실처럼 아래로 드리우며 자란다. 원산지가 중국인 수양버들은 '고려수양(高麗垂楊)'이라고도 불리는 능수버들과는 차이가 있으나 일반인이 구별하기란 쉽지 않다.

버들은 암수딴그루이지만, 드물게는 한 그루에 암꽃과 수꽃이 함께 있는 경우도 있다. 하천 제방이나 고수부지, 호숫가 같은 장소에서 잘 자란다. 버들은 잘 살고 성장도 빠르다. 봄버들의 정취를 가까이서 느껴보기 위해 10년쯤 전에 시골 밭에 수양버들 한 그루를 심었는데, 너무 잘 자라는 걸 확인하고는 그대로 둘 수가 없어 몇 년 만에 베어버린 적도 있다.

1970년대까지만 해도 봄버들은 시골 아이들의 즐거운 놀이도구 중 하나인 버들피리의 재료였다. 물이 오른 버들가지는 양쪽을 잘라서 껍질만 통째로 남기고 나무 심지를 빼낼 수 있다. 그리고 입술이 닿을 쪽을 얇게 다듬어 불면 피리 소리가 난다. 연주까지 하려면 적당히 구멍 몇 개를 뚫으면 된다. 시골에서 자란 사

꽃이 피어난 수양버들 가지. 버들도 꽃이 먼저 피며,
이 꽃에도 벌과 나비들이 모여든다.

람들은 누구나 이런 추억이 있을 것이다.

당산나무 역할을 한
왕버들

봄버들은 이른 봄날 정취를 만끽하거나 멋진 사진을 찍으려는 사람들의 발길을 유혹하기도 한다. 대표적인 버들숲이 경산 반곡지 왕버들과 성주 성밖숲 왕버들, 청송 주산지 왕버들 등이다. 반곡지 둑에는 200년 정도 된 왕버들 20여 그루가 서 있고, 성밖숲에는 300~500년 된 왕버들 50여 그루가 하천 옆에 자라고 있다. 주산지에는 물이 차고 빠지는 못 바닥에 수령 300년 정도의 왕버들 20여 그루가 있다.

이들 왕버들 군락지와 함께 수령 400년으로 추정되는 의성 사곡 토현리 왕버들, 안동 도산서원 왕버들 등 곳곳에 오래된 왕버들 고목이 자라고 있다. 왕버들은 느티나무처럼 옛날 마을에서 마을 안녕을 기원하는 제사를 지내는 나무인 당산나무 역할을 하기도 했다.

성주 성밖숲 왕버들은 보기 드문 왕버들 고목 군락이다. 1999년 천연기념물로 지정되었다. 성주읍 경산리 하천 주변에 있는데, 1만 5,000제곱미터에 300~500년 된 왕버들 50여 그루가 숲을 이루고 있다. 큰 나무는 둘레가 6미터, 높이가 16미터나 된다.

이 왕버들숲은 마을의 흉사를 막기 위한 '비보림(裨補林)'으로 조성되었다고 한다. 정확한 시기를 특정할 수는 없으나, 당시 서문 밖 마을에서 아이들이 까닭 없이 죽는 등의 흉사가 반복되자 그 원인을 두고 마을의 족두리바위와 탕건바위가 서로 마주 보고 있기 때문이라는 이야기가 나왔다. 그리고 두 바위 중간 지점에 숲을 조성하면 재앙을 막을 수 있으리라는 한 지관의 말에 따라 성주읍성의 서문 밖 이천 옆에 밤나무숲을 만들었다. 숲을 조성하자 우환이 사라졌다. 그러나 임진왜란 이후, 마을의 기강이 해이해지고 민심이 흉흉해지자 주민들은 이 숲의 밤나무를 베어내고 왕버들을 심어 새 숲을 조성했다.

그 이후 왕버들숲은 지금까지 살아남아 다른 곳에서는 보기 어려운 장관을 보여준다. 이후로도 위기는 많았다. 잠업이 성행할 때는 왕버들을 베어내고 뽕나무밭을 만들자는 움직임도 있었지만, 숲을 살려야 한다는 여론이 우세해 살아남을 수 있었다. 주민들이 대를 이어가며 노력을 쏟은 덕분에 잘 보존된 이 노거수 왕버들숲은 그 가치를 인정받아 천연기념물로 지정되기에 이르렀다.

묏버들 가려 꺾어 보내노라
임에게

버들과 관련한 여러 습속이 전한다. 그중 하나로 중국에서는
헤어지는 사람에게 버드나무 가지를 꺾어 주며 다시 만날 것을
기약하는 풍습이 있었다. 우리나라도 마찬가지였던 것 같다. 이
와 관련해 버들을 떠올리면 생각나는 멋진 한글 시가 있다. 조선
시대 기생 홍랑의 시조다.

묏버들 가려 꺾어 보내노라 임에게
주무시는 창밖에 심어 두고 보소서
밤비에 새잎 나거든 나인가 여기소서

홍랑이 연인인 고죽 최경창과 이별하며 지은 시다. 연인을
떠나보내는 애절한 마음을 버들가지를 빌어 표현한 이 작품은 우
리나라 문학사에서 가장 아름다운 사랑 시로 꼽힌다. 당대의 대
표적 문장가이자 선비인 최경창과 홍랑의 사랑 이야기는 감동적
이고 아름다운 사연을 담고 있다.

성주 성밖숲 왕버들의
늦가을 풍경.

뛰어난 시인이기도 한 최경창은 1568년 문과에 급제한 후 여러 벼슬을 거쳐 1573년 함경도 북평사(北評事: 병마절도사의 문관 보좌관으로 함경도와 평안도에 파견된 병마평사의 약칭)로 부임하면서 함경도 홍원 태생의 기생인 홍랑과 인연을 맺었다.

최경창은 1573년 가을, 서른넷의 나이로 북평사에 임명되어 함경도 경성에 부임했다. 경성은 국방의 요지였다. 이런 군사 요충지인 변방에 관리가 부임할 때는 처자식을 데려가지 않고 혼자 가는 것이 당시 원칙이었다. 그리고 관리가 부임하면 관청 소속 기생들을 소집해 점검하는 '점고(點考)'가 진행된다. 최경창도 부임 후 경성 관아의 기생들이 인사를 올리는 점고를 받았는데, 이날 저녁 연회에서 홍랑과 운명적인 만남을 갖게 되었다.

전남 영암 출신인 최경창은 문장과 학문뿐만 아니라 서화와 악기에도 능했다. 어릴 적 영암에 왜구들이 쳐들어왔을 때 구슬픈 피리 소리로 왜구들의 마음을 움직여 물러가게 했다는 일화가 전할 정도였다. 또 약관의 나이 때 송강 정철, 구봉 송익필 등 당대의 대가들과 시회(詩會)를 하면서 그의 실력이 널리 알려지기 시작했다. '조선팔문장(朝鮮八文章)'의 한 사람이기도 했던 그는 당시에 특히 뛰어나 조선팔문장 중 옥봉 백광훈, 손곡 이달과 함께 '삼당시인(三唐詩人)'으로도 꼽혔다.

이날 기생 점고에 이어 최경창의 부임 축하 연회가 열렸다. 연회가 무르익는 가운데, 기생으로서 재능과 미모에다 문학적 소

군위군 고로면에 있는 도예가 전문환 작업실 앞에 있는 왕버들
(2022년 5월 22일). 밑둥치를 대충 재어보니 둘레가 9미터나 되었다.

고로 왕버들의 밑둥치 모습.

양까지 겸비한 홍랑이 시 한 수를 음률에 맞춰 읊었다. 그런데 홍랑이 읊은 시는 놀랍게도 최경창의 작품이었다. 최경창은 시창을 다 듣고는 내심 놀라워 홍랑에게 넌지시 읊은 시를 좋아하는지, 그리고 누구의 시를 좋아하는지 물었다. 홍랑은 "고죽 선생의 시인데 그분의 시를 제일 좋아한다"라고 대답했다.

이렇게 두 사람의 각별한 인연이 시작되었다. 최경창과 홍랑은 서로 정신적으로 잘 맞는 도반이 될 수 있음을 느꼈다. 그리고 마음껏 사랑도 나눌 수 있는 처지가 되었기에 날이 갈수록 두 사람의 사랑은 깊어갔다. 홍랑이 최경창의 군막에까지 드나들 정도로 두 사람은 잠시도 서로 떨어져 있으면 안 되는 존재가 되었다.

그러나 이들의 행복한 시간은 오래가지 못했다. 6개월이 지난 이듬해 봄, 두 사람에게 이별의 순간이 찾아온 것이다. 최경창이 조정의 부름을 받아 한양으로 돌아가야만 했기 때문이다. 홍랑은 몸살을 앓을 정도로 마음을 다스리기가 어려웠다.

최경창이 한양으로 떠나던 날, 홍랑은 최경창과 조금이라도 더 함께 있고 싶었다. 그래서 경성으로부터 멀리 떨어진 쌍성까지 따라갔다. 더 따라가고 싶었으나 멈춰서야 했다. 다른 지역으로 벗어날 수 없는 관기였기에 더 이상 따라갈 수가 없었기 때문이다. 당시 기생은 관아에 속한 존재였기 때문에 해당 지역에서 벗어나 다른 지역으로 자유롭게 움직일 수 없도록 규제를 받았다. 홍랑은 최경창이 시야에서 사라질 때까지 바라보다 돌아서야만 했다. 최경창도 눈물을 삼키며 다음을 기약하고 떨어지지 않는 발걸음을 억지로 돌릴 수밖에 없었다.

홍랑이 최경창을 보내고 돌아올 때, 함흥에서 70리 밖에 있는 함관령에 이르자 날은 어두워지는데 비까지 내렸다. 그곳에 잠시 머물면서 애틋한 사랑의 마음을 담은 시조「묏버들 가려 꺾어」를 지었다. 그리고 이 작품과 함께 길가의 버들을 꺾어 최경창에게 보냈다.

최경창은 다음과 같은 기록을 남겼다. '홍랑이 함관령에 이르렀을 때 날이 저물고 비가 내렸다. 이곳에서 홍랑이 내게 시를 지어 보냈다.' 최경창은 나중에 홍랑의 이 시조를 한문으로 번역하고「번방곡(飜方曲)」이라는 제목을 붙였다.

버들가지 꺾어 천 리 먼 곳 그대에게 보내니
나를 위해 뜰 앞에 심어 두고 보기 바랍니다
하룻밤 지나 새잎 돋아나면 알아주세요
초췌하고 수심 어린 눈썹의 이 몸인 줄을

이
팝
나
무

김 해   천 연 기 념 물

이 팝 나 무

　다투어 피어나는 봄꽃들이 천지를 수놓고 나면, 곧이어 꽃들 주위로 신록의 향연이 펼쳐진다. 신록이 한창일 때 탐스러운 흰 꽃을 피우며 그 찬란함을 더하는 나무가 있다. 여름의 시작을 알리는 입하를 전후해 피어나 '입하목(立夏木)'이라고도 불리던 이팝나무다. 4월 하순부터 5월 초순에 신록의 새잎과 더불어 흰 꽃을 무수히 피워 사람들의 눈길을 끄는 주인공이다.

　우리나라의 대표적인 이팝나무 고목을 찾아 나섰다. 2022년 4월 28일 천연기념물 이팝나무 두 그루가 있는 경남 김해로 향했

경남 김해시 주촌면 천곡리에 있는 이팝나무.
1982년 천연기념물로 지정된 이 나무는 높이
가 18미터에 수령은 540년이다.

다. 대구 시내에는 근래 가로수로 심은 수많은 이팝나무들이 한 창 꽃을 피워, 곳곳에 때아닌 '눈꽃 천지'를 만들고 있었다. 대구 의 전체 가로수 중 이팝나무가 11퍼센트에 이른다고 한다.

이팝나무가 꽃을 한창 피우는 때라 그런지 대구 시내를 벗어 나도 눈에 많이 띄었다. 수성 IC와 동대구 IC 도로 주변에는 온 통 이팝나무꽃 천지였다. 신록과 어우러진, 맑고 흰 꽃구름이 눈 을 즐겁게 만들었다. 밀양으로 가는 고속도로와 일반 국도에도 가로수로 심은 이팝나무가 정말 많음을 알 수 있었다. 이팝나무 가 이렇게 많았는가 싶었다. 주변 산자락에서 흰 꽃을 피우기 시 작한 아카시아꽃도 곳곳에서 눈에 들어왔다. 이팝나무와 아카시 아나무의 흰 꽃이 연초록의 신록과 참으로 잘 어울린다는 생각이 들었다.

이팝나무는 원래 우리나라 자생으로, 남쪽 지방에서 주로 잘 자라는 수종이었으나 그렇게 많지는 않았다. 근래 들어 중국 이 팝나무를 수입해 가로수와 정원수로 심으면서 급증한 모양이다.

김해 신천리
이팝나무

김해시 한림면 신천리의 이팝나무를 먼저 찾았다. 마을 안쪽

김해시 한림면 신천리의 이팝나무. 1967년 천연기념물로
지정되었고, 수령 600년으로 추정된다.

이팝나무꽃.

김해 신천리 이팝나무 밑둥치.

길옆에 있는데, 나무가 크고 꽃이 피어 근처에 가니 쉽게 눈에 들어왔다. 승용차가 들어갈 정도의 골목을 따라가니 주변 정비공사 작업이 한창이었다. 평일인데도 이 나무를 보기 위해 사람들이 찾아와 사진을 찍고 있었다. 방문 얼마 전부터 꽃을 피우기 시작한 것 같았다. 아직 꽃봉오리 상태가 대다수라 전체적으로 연둣빛을 띠고 있었다. 며칠 후면 눈처럼 흰색으로 바뀔 것 같았다.

신천리 마을에서는 해마다 이 이팝나무의 장수와 마을 안녕을 기원하는 제사를 지내는데, 6일 후인 5월 4일 행사를 진행한다고 했다. 꽃이 만개하는 날을 잡아 제사를 지내기 때문에 해마다 일정한 날 지내는 것이 아니고 조금씩 다를 수 있다고 한다.

신천리 이팝나무는 1967년 7월에 천연기념물로 지정되었다. 당시에도 이미 높이 15미터 노거수로, 나무의 나이는 600년 정도로 추정되었다. 지금은 수령이 650여 년이 되는 셈이다. 밑둥치를 대충 재어보니 5미터 정도 되었다. 지금은 건강해 보이는데, 밑둥치에 치료를 받은 흔적이 크게 남아 있어 안타까운 마음이 들기도 했다. 줄기는 지상 1미터 정도에서 둘로 갈라지고, 가지들이 대부분 온전하게 유지되어 전체적으로 둥근 수형을 보이고 있다. 당시 수령을 600년으로 추정한 근거가 남아 있는지 물으니 별다른 것은 없다고 했다. 아마도 여러 정황을 근거로 추정했을 것이다. 수령이 사실이라면 신천리 이팝나무는 우리나라 이팝나무 중 최고령이다. 주변에 주택들이 인접하고 있어 노거수의 면모가 제대로 드러나지 않는 환경인 것이 살짝 아쉬웠다.

탄성이 절로 나오는
천곡리 이팝나무

이어 차량으로 20분 정도 거리에 있는 천곡리 이팝나무를 찾아갔다. 이 나무는 마을 뒷산 끝자락에 자리해 주변 환경이 훨씬 좋았다. 주변에 다른 건물이 없고 잔디밭과 화단 정도만 있어, 높이가 18미터나 되는 노거수의 자태를 완연히 드러내고 있었다. 이 나무는 신천리 이팝나무보다 꽃을 더 많이 피운 상태였다. 밑둥치를 재어보니 7미터 정도 되어 신천리 나무보다 더 굵었다. 신천리 나무보다 더 노거수다운 위엄을 자랑하고 있었다.

경남 김해시 주촌면 천곡리에 있는 이팝나무는 1982년 11월 9일 천연기념물로 지정되었다. 지정될 당시 수령이 500년으로 추정된 노거수다. 지정된 이후 40년이 지났으니 540년이나 된 이팝나무인 셈이다. 이 나무도 지상 1미터 높이에서 가지가 둘로 갈라져 성장했다. 그 두 줄기를 중심으로 이후 많은 가지가 넓고 높게 뻗어 자라면서 노거수다운 멋진 자태를 뽐냈다.

마침 현장에서 나흘 후인 5월 2일 동제(洞祭) 준비를 위해 나무 주위를 청소하던 분을 만나게 되어 잠시 이야기를 들어봤

김해 천곡리 이팝나무 앞에서 동민들이 동제를 지내고 있다
(2022년 5월 2일). ⓒ 김해시

다. 천곡리 이팝나무의 수령이 신천리 것보다 더 오래된 것 같다
고 이야기한 그는 태풍 등으로 큰 가지들이 부러지는 일을 겪으
면서 지금 모습을 보이고 있지만, 20~30년 전에는 지금보다 더
풍성한 모습이었다고 알려주었다.

　　이 두 나무는 오래전부터 마을의 안녕과 풍년을 비는 제사를

지내는, 마을의 수호신으로 모시는 당산목 역할을 해왔다. 요즘도 이팝나무가 만개하는 때에 날을 잡아 동제를 지내고 있다.

이팝나무는?

이팝나무는 높이가 20미터 이상, 굵기도 몇 아름이나 될 정도로 자란다. 대체로 5월 초순에 파란 잎이 잘 보이지 않을 정도로 새하얀 꽃이 가지마다 소복소복 피어난다. 꽃잎은 가느다랗게 넷으로 갈라지는 모양이다. 20일 정도 피어 있는 꽃은 은은한 향기를 내뿜는다. 활짝 피었다가 마치 눈이 내리듯 우수수 떨어지는 낙화 풍경도 장관이다. 꽃이 지고 나면 타원형의 자주색 열매가 맺힌다.

우리나라에서는 중부 이남, 주로 남쪽에서 자란다. 이팝나무는 농민들이 오랫동안 풍년을 짐치는 나무로 삼았기에 보호가 잘되어 노거수가 많은 편이다. 천연기념물로 지정된 수령 수백 년 되는 이팝나무 노거수와 군락이 아홉 곳이나 된다. 이 중 경남 김해시에 있는 신천리 이팝나무와 천곡리 이팝나무가 가장 오래된 노거수다.

이팝나무는 우리나라와 함께 일본과 중국 일부 지역에서만 자라는 세계적 희귀목으로 알려져 있다. 이 나무를 처음 본 서양

이팝나무꽃이 핀 밀양 위양지 풍경.

인들은 눈이 내린 나무처럼 보여 '눈꽃(Snow flower)나무'라 불렀다. 다른 이름으로는 중국이나 일본에서 사람이 죽어 저승으로 갈 때 뇌물로 관 속에 넣어주는 육도미(六道米)라 불리는 쌀과 관련해 붙여졌다는 '육도목(六道木)', 그 잎을 찻잎 대용으로 쓴다고 해서 붙여진 '차엽수(茶葉樹)' 등으로 불린다.

이팝나무는 아카시아나무와 함께 5월의 산하를 하얗게 수놓는 대표적 나무다. 새하얀 꽃들이 초록의 나뭇잎과 어우러진 모습은 보는 이의 눈길을 끌기에 충분하다. 덕분에 이팝나무는 2000년대 이후 가로수는 물론 공공건물, 공원 등의 정원수로 심는 경우가 빠르게 늘어났다. 대구를 포함해 서울, 대전, 광주 등 대부분 도시에서 이팝나무 가로수를 늘려왔다.

가로수도 시대에 따라 인기 수종이 바뀐다. 플라타너스에서 은행나무로, 은행나무에서 벚나무로 변했다가 최근에는 이팝나무를 가장 선호하고 있다. 꽃이 쌀밥처럼 보이는 이팝나무는 한국인의 정서에 맞는 데다, 흙이 얕은 곳에서도 번식할 만큼 생명력이 강하고 꽃도 오래 피어 새로운 가로수의 대안으로 떠오른 것이다.

덕분에 요즘은 어디를 가나 5월 초순이면 흰 꽃이 흐드러지게 핀 이팝나무를 볼 수 있다. 이팝나무와 더불어 배롱나무도 가로수로 많이 심었기에, 여름이 되면 붉은 꽃이 흐드러진 배롱나무 가로수와 함께 눈을 즐겁게 한다.

이팝나무의 이름
유래

먹고살기 힘든 시절, 고깃국과 함께 하얀 쌀밥을 먹는 것이 최고의 바람이었다. 흰 꽃으로 덮인 이팝나무는 쌀밥을 연상시키므로 '쌀밥나무'를 뜻하는 '이팝나무'로 부르게 되었다고 한다. '이밥'이 '이팝'으로 변음되어 이팝나무가 된 것이다. 북한에서는 쌀밥을 지금도 '이밥'이라고 부른다. '이밥'은 '이씨 밥'이라는 의미로, 조선시대 벼슬을 해야 이씨 임금이 내리는 흰쌀밥을 먹을 수 있다 하여 쌀밥을 이밥이라고 불렀다.

이팝나무가 쌀밥과 인연을 맺게 된 것과 연관된 어느 며느리의 한 서린 죽음의 전설도 전해진다. 옛날 경상도 땅에 18세의 나이에 시집을 온 착한 며느리가 시어머니의 온갖 구박을 받으며 살고 있었다. 한번은 큰 제사가 있어 제사에 쓸 쌀밥을 짓게 되었다. 평소 잡곡밥만 하던 며느리는 처음 쌀밥을 지으면서 혹시 잘못되어 꾸중을 들을까 걱정이 되지 않을 수 없었다. 그래서 뜸이 잘 들었는지 알아보려고 밥알 몇 개를 떠먹어보았다. 그 장면을 본 시어머니는 제사에 쓸 밥을 며느리가 먼저 먹었다며 갖은 구박을 했다. 억울함을 견디지 못한 며느리는 어느 날 뒷산으로 올라가 목을 매어 죽었다. 그 이듬해, 며느리가 묻힌 무덤가에 나무가 자라더니 쌀밥을 닮은 흰 꽃을 가득 피워냈다. 쌀밥에 한이 맺힌 며느리가 죽어 나무가 되었다며 동네 사람들은 그 나무를 이 팝나무라 불렀다.

이팝나무 꽃이 풍성하게 잘 피면 그해 벼농사가 잘되는 조짐 이고, 그 덕분에 이밥을 먹게 된다고 하여 이팝나무라 불렀다는 설도 있다. 하얀 꽃이 나무를 덮고 있는 모습이 밥주발 위로 봉긋 이 올라온 쌀밥 모양이어서 이팝나무라 부르게 되었다고도 한다. 이름에 대한 또 다른 이야기는 꽃피는 시기가 입하 무렵이라 '입 하나무'라 부르다가 이팝나무로 변했다는 것이다.

대표적 이팝나무
노거수와 군락

이팝나무는 느티나무처럼 마을 수호신으로 모시는 당산목으 로도 대접받았기 때문에 노거수가 적지 않다. 그래서 천연기념물 로 지정된 것만도 아홉 건이나 된다.

김해 신천리 이팝나무(1967. 7, 수령 600년), 김해 천곡리 이팝 나무(1982. 11, 수령 500년), 순천 평중리 이팝나무(1962. 12, 수령 400년), 고창 중산리 이팝나무(1967. 2, 수령 250년), 진안 평지리 이팝나무군(7그루, 1968. 11, 수령 280년), 양산 신전리 이팝나무 (1971. 9, 수령 300년), 광양 인동리 이팝나무(1971. 9, 수령 450년),

포항 옥성리 흥해향교 이팝나무 군락(26그루,
2020. 12, 수령 100~150년) 등이다.

가장 최근에 지정된 포항 흥해향교 이팝
나무 군락은 옥성리 흥해향교와 임허사 주변
에 있는 이팝나무 군락이다. 향교 건립을 기념
해 심은 이팝나무의 씨가 번식해 조성된 군락
이라고 전한다.

대구의 대표적 이팝나무 고목 군락은 교항
리 이팝나무 군락이다. 달성군 옥포면 교항리
에 있는 이 군락은 1991년 7월 천연보호림으로
지정되었다. 교항리 주변 들판 한가운데 있는
3,000여 평의 나지막한 구릉을 크고 작은 이
팝나무들이 덮고 있다. 팽나무, 굴참나무 등이
일부 섞여 있지만, 이팝나무가 대부분을 차지
하고 있다.

이 군락지에는 수령 200~300년의 이팝나
무 40여 그루가 군데군데 자리 잡고 있다. 그
사이에는 1990년대 중반에 심은 작은 이팝나
무 수백 그루가 자라고 있다. 교항리 주민들은
이곳 이팝나무 고목들을 오래전부터 마을 수호
림으로 여겨 관리해왔다. 마을 사람들은 땔감

대구시 달성군 옥포면 교항리 이팝나무 군락.

영천시 대창면 용전리 이팝나무. 들판 뒤쪽 야산 끝자락에
자리하고 있어 눈에 잘 띈다.

이 없을 때도 이팝나무만은 베지 않았다고 한다.

영천 대창면 용전리에도 이팝나무 노거수가 한 그루 있다. 많이 알려진 이팝나무는 아니지만, 어느 정도인지 궁금해 한번 찾아가 보았다. 앞으로는 논밭이 펼쳐져 있는 야산 끝자락에 자리하고 있었다. 꽃이 만개한 상태여서 멀리 5리 정도 떨어진 큰 도로에서도 눈에 금방 들어왔다. 이 나무는 신천리나 천곡리 이팝나무와 달리 밑둥치에서 가지가 나눠진 것이 아니고 한 줄기로 자라 수형이 상하 타원형의 모습이었다. 밑둥치 굵기는 2미터 30센티미터로 세월이 흐를수록 더욱 명물 이팝나무가 될 것 같았다.

중국 산둥성 토천촌에는 수령이 2,700여 년이나 되었다는 이팝나무가 있다. 현지인들이 '신수(神樹)'로 대접하는 나무로, 기원전 685년 제나라 임금 환공이 임금으로 즉위하면서 심었다고 한다. 노동절이면 전국에서 이 이팝나무를 보러 사람들이 몰려든다고 한다.

배롱나무

800년 세월의 부산 양정동 배롱나무

여름에 피는 꽃은 대부분 오래 피는 것 같다. 연꽃과 능소화가 그렇고, 무궁화도 마찬가지다. 100일 동안 꽃이 피어 '백일홍'으로도 불리는 배롱나무도 마찬가지다. '열흘 붉은 꽃이 없다'라는 의미의 '화무십일홍(花無十日紅)'이라는 말을 무색하게 하는 꽃들이다.

6월 말부터 피기 시작한 배롱나무꽃은 10월에도 피어난다. 꽃이 한 번 피어 2~3개월 동안 유지되는 것이 아니고, 꽃들이 연이어 피고 지는 것이기는 하지만. 이처럼 오랫동안 꽃을 피우

흰색과 보라색 꽃을 피운 배롱나무.

는 배롱나무는 흐드러지게 꽃을 피워 여름 무더위를 잊게 해주고, 가을로 들어선 뒤에도 한참 동안 더 진한 빛을 발하며 가을꽃들에 바통을 이어준다.

이런 배롱나무를 요즘은 쉽게 볼 수 있다. 근래 들어 전국 곳곳에 가로수와 정원수 등으로 많이 심어졌기 때문이다. 옛날에는 흔하지 않았다. 오래된 산사나 서원, 종택, 묘소 등이 아니면 만나보기 어려웠다.

1965년 천연기념물로 지정된 유일한 배롱나무

배롱나무도 고목이 적지 않지만 천연기념물로 지정된 경우는 한 건뿐이다. 바로 부산 양정동 배롱나무다. 1965년 4월에 천연기념물로 지정된 이 배롱나무는 지정 당시 명칭이 '부산진 배롱나무'였고, 추정 수령은 800년이었다. 부산광역시 부산진구 양정1동, 화지산 화지공원 내에 있다. 천연기념물 지정 당시 이 나무에 대한 기록이다.

원줄기는 죽고 새로 자란 동쪽의 4그루와 서쪽의 3그루가 있다. 동쪽의 것은 키가 7.2미터이고 가슴 높이의 줄기 둘레가 60~90센티미

부산 양정동 배롱나무. 1965년에 천연기념물로 지정된 이 배롱나무는 900년 전 정문도의 묘소 앞에 심은 두 그루가 현재에 이르는 것으로 추정된다. ⓒ문진우

양정동 배롱나무 밑둥치와 줄기 모습.
ⓒ 문진우

터, 서쪽의 것은 키가 6.3미터이고 가슴 높이의 줄기 둘레가 50~90센티미터 정도다. 고려 중엽 때, 동래 정씨의 2세 정문도공의 묘소 앞에 동서 양쪽으로 각기 1그루씩 심어진 것이 원줄기가 썩고 변두리 부분만 살아남아 오늘날의 모습으로 된 것이다.

두 그루의 원줄기는 오래전에 죽고 그 주변에 새로 자라난 가지들이 성장해 지금의 상태가 된 것이라는 내용이다. 지금은 별개의 나무처럼 보인다. 최근 측량해본 결과는 동쪽 나무는 높이 8.9미터, 나무 전체 폭은 남북 10.9미터와 동서 11.2미터로 원형을 이루고 있다. 서쪽 나무는 높이 7.7미터, 나무 폭은 남북 9.4미터와 동서 4.11미터다. 두 그루의 배롱나무가 있는 묘소는 동래 정씨 시조 선산인 화지산 자락에 있는데, 정씨 가문이 이 묘역 일대를 가꾸어 오다 근래 시민들에게 개방하면서 '화지공원'으로 부르게 되었다.

천연기념물 배롱나무는 동래 정씨 시조로 알려진 2세조 정문도의 묘소 앞 좌우에 있다. 정문도는 고려 중기 동래 지역의 호장(戶長: 고려시대 지방 향리의 우두머리)을 지낸 인물이다. 이곳에 그의 묘소를 쓴 이후 후손 중 고려와 조선시대에 많은 인재가 배출되어 명문가로 성장했다. 이 정문도 묘는 '정묘(鄭墓)'라고도 불리어왔다. 배롱나무 아래 1732년에 세운 '동래정씨시조고려안일호장부군묘갈(東萊鄭氏始祖高麗安逸戶長府君墓碣)'이라는 묘비가 서 있다. 이 묘비명은 후손이 썼다. 이곳은 명당으로도 유명하다. 묘비 내용 중 '공께서 세상을 떠나서 장사 지낼 적에 상여가 화지산에 이르자 마침 눈이 녹은 것이 범이 웅크리고 앉은 모습과 같은 기이함이 있었다. 그래서 그곳에 장사 지냈다'라는 구절이 있다.

배롱나무는 정묘를 조성할 때 심은 것이라 전한다. 정문도의 생졸년은 알려지지 않으나 그의 손자 정항이 1136년 57세 때 사망한 것으로 되어 있다. 정문도가 1100년 전후에 사망한 것으로 추정하면 그 수령이 지금은 900여 년 가까이 된 것으로 볼 수 있을 것이다. 물론 지금의 나무둥치가 900년이 된 것은 아니다. 어쨌든 양정동 배롱나무는 국내 최고령인데, 현재 생장 상태가 양호한 상황은 아니다. 양쪽 다 주홍색 꽃이 핀다.

정묘 주변에는 정문도를 기리는 사당인 추원사가 있고, 정묘를 수호하기 위해 고려 때 창건한 화지사도 있다. 화지사는 영호암, 만세암, 성묘사 등으로 불렸다. 이 배롱나무가 '정묘사 배롱나무'로도 불리는 이유다.

서원, 종택, 사찰 등에
많이 심은 배롱나무

추위에 약하고 햇빛이 잘 드는 곳을 좋아하는 배롱나무는 우리나라 남부에서 많이 볼 수 있었다. 옛날에는 서원과 종택, 정자, 사찰 등에 많이 심었다. 양정동 배롱나무처럼 옛사람들은 무덤 근처에도 배롱나무를 종종 심었다. 배롱나무가 자손에게 부귀영화를 가져다준다고 믿었기 때문이다.

대구 수성구 모명재 뒤에 있는 두사충의 묘에 가 보면, 그 앞에 오래된 배롱나무 두 그루가 자라고 있다. 두사충은 중국 명나라 장수로, 임진왜란 때 원군으로 조선에 와 활동하다가 조선에 귀화한 인물이다.

전남 함평 백야산에 있는 함평 이씨 선산의 묘소 제사를 위한 재실인 영사재 앞의 배롱나무 고목도 수령이 500년이 넘어 20여 년 전에 보호수로 지정되었다.

서원이나 종택의 사당 앞에도 배롱나무 고목이 많다. 대표적인 것으로 경북 안동의 병산서원 사당 존덕사 앞 배롱나무를 꼽을 수 있다. 사당으로 오르는 계단 좌우와 전사청 마당 등에 자라는 배롱나무 고목 여러 그루가 여름이면 사당 주변을 붉은 꽃 천지로 만든다. 이곳 배롱나무는 2008년 안동시 보호수로 지정되었는데, 1613년 사당 존덕사를 건립하면서 류성룡 후손인 류진

이 심었다고 한다.

　2019년 보물로 지정된 대구 하목정의 배롱나무도 유명하다. 하목정은 임진왜란 때 의병장으로 활약한 낙포 이종문이 1604년쯤 건립한 정자형 별당 건물이다. 하목정 주위를 배롱나무들이 둘러싸고 있는데, 그중 하목정 뒤편 언덕 위에 자리한 사당 담장 안의 배롱나무가 가장 오래된 고목이다.

　사당의 주인공은 전양군 이익필. 이익필의 위패와 초상이 봉안된 이 사당은 250여 년 전 창건 당시의 모습을 그대로 유지하고 있으며, 담장 안에 배롱나무가 자라고 있다. 이익필은 1728년 이인좌의 난 때 공을 세워 공신에 올랐으며, 사후에 나라로부터 제사를 폐하지 말고 자손 대대로 모시라는 불천위(不遷位)의 영예를 받은 인물이다.

　배롱나무는 선비들이 특히 좋아했는데, 배롱나무 풍광의 진수를 보여주는 대표적 명소가 담양 명옥헌이다. 배롱나무를 위주로 조성한 정원인 이곳을 꽃이 만발했을 때 찾으면 황홀한 풍광이 탄성을 절로 자아낸다. 별세계에 온 듯한 착각에 빠지게 만든다.

　담양 소쇄원과 함께 조선시대를 대표하는 민간 정원인 명옥헌의 역사는 조선 선비 오희도에서 시작된다. 벼슬에 큰 관심이 없던 그는 만년에 마을 뒷산에 '세속을 잊고 사는 집'이라는 뜻의 망재(忘齋)를 지어 살았다. 오희도가 세상을 떠나고 아들 오이정이

순천 송광사 지장전 주변의 배롱나무.

초가지붕과 어우러진 경주 양동마을의 배롱나무.

아버지를 기리기 위해 정자 명옥헌을 짓고, 그 앞뒤에 연못도 조성했다. 그리고 배롱나무도 심었다. 명옥헌 배롱나무의 시작이다.

명옥헌 원림에는 수령 100년 이상 된 배롱나무 30여 그루가 있다. 배롱나무는 명옥헌 주변의 소나무, 느티나무, 동백나무와도 잘 어우러지고, 연꽃이 핀 연못과 조화를 이뤄 더욱 멋진 풍광을 선사한다. 정자 앞에 작은 섬이 하나 있는 연못이 있고, 그 주위에 배롱나무가 늘어서 있다. 정자 주위에도 배롱나무가 둘러서 있다. 명옥헌에는 '삼고(三顧)'라는 편액이 걸려 있는데, 인조가 왕위에 오르기 전 오희도를 중용하기 위해 세 차례 찾아온 일화가 전한다.

수행에 전념하라는 의미의
배롱나무

배롱나무는 사찰에서도 많이 심었다. 출가 수행자들이 껍질을 수시로 벗는 배롱나무처럼 세속적 욕망과 번뇌를 벗어버리고 수행에 전념하라는 의미에서 경계의 방편으로 삼으라는 것이었다.

오래된 산사 대부분에는 배롱나무 고목들이 자라고 있다. 밀양 표충사, 순천 송광사, 승주 선암사, 고창 선운사, 김제 금산사, 김천 직지사, 양산 통도사, 구례 화엄사, 하동 쌍계사, 장성 백양

영동 반야사 배롱나무. 보호수로 지정된 이 나무의 수령은
500년이 넘는 것으로 추정된다.

사, 서산 개심사, 계룡산 신원사 등의 사찰을 한여름에 찾으면 붉은 꽃을 피운 수백 년 된 배롱나무를 곳곳에서 만날 수 있다.

산사 배롱나무 중 가장 오래된 나무는 영동 반야사의 두 그루 배롱나무다. 500년이 넘었다. 여름날 반야사 마당에 들어서면 멀리 보이는 배롱나무가 곧바로 눈길을 사로잡는다. 극락전 앞에 두 그루가 적당한 거리를 두고 서 있다. 극락전은 대웅전이 새로 건립되기 전 중심 법당이었다. 작은 법당인데, 붉은 꽃이 흐드러지게 핀 배롱나무가 완전히 가리고 있다. 배롱나무 앞에는 보물로 지정된 작은 삼층석탑이 서 있다. 이 배롱나무는 단연 이 사찰의 주인공이다.

이 두 그루 배롱나무는 산사 배롱나무로는 보기 드물게 1994년 보호수로 지정되었다. 안내판에는 당시 수령이 500년이고, 나무 높이는 8미터와 7미터, 가슴 높이 지름은 1.5미터와 1.2미터 등으로 기록되어 있다. 한쪽 나무의 밑둥치는 성인 두 사람이 팔로 안아야 할 정도다.

방문 당시 한 스님이 지나가기에 잠시 배롱나무에 관해 물어봤다. 스님은 친절하게 이런저런 이야기를 들려주었다. 조선시대 무학대사가 가지고 다니던 배롱나무 지팡이를 이곳에 꽂아두었는데, 이것이 나중에 둘로 나뉘어 자라게 되었다고 한다. 반야사 스님이 들려준, 그야말로 전설 같은 이야기다.

이 배롱나무는 오래전부터 사진가들에게 많이 알려져 있는

데, 여름이 되면 해마다 수많은 전화가 걸려와 전화를 받는 일이 성가실 때가 많았다고 한다. 꽃이 만발했는지, 언제 절정이 되는지, 언제 가면 좋은 사진을 찍을 수 있는지 등을 묻는다는 것이다. 요즘은 인터넷이 발달해 예전만큼 전화가 걸려오지 않는단다. 70여 년 전에는 관음전에 관음보살이 현신했는데, 당시 한참 동안 배롱나무 위에 머물다 사라졌다는 이야기를 할머니 신자들이 들려주었다는 말도 들을 수 있었다.

배롱나무에
얽힌 이야기

　배롱나무는 백일 동안 붉은 꽃을 피워 '백일홍(百日紅)'이라 불리지만 정식 명칭은 아니다. 식물 백일홍과 구별해 '목백일홍(木百日紅)'이라고도 부른다. 중국에서는 간지럼 타는 나무라는 뜻으로 '파양수(怕癢樹)'라 하고, 일본에서는 나무를 잘 타는 원숭이조차도 미끄러지는 나무라는 뜻으로 '사루스베리'라고 부른다.
　배롱나무 줄기는 매끈하고 껍질이 자주 벗겨진다. 꽃은 7~9월에 피고 부귀영화를 상징한다. 꽃말은 '떠나간 임에 대한 그리움'이다. 배롱나무꽃은 대개 붉은색이지만, 보라색 꽃과 흰색 꽃을 피우는 나무도 있다.

중국의 당나라 현종은 배롱나무를 양귀비보다 더 사랑했다고 한다. 현종은 자신의 집무실인 중서성(中書省)을 '자미성(紫微省)'이라 불렀는데, 이 자미성에 배롱나무를 많이 심었기 때문에 배롱나무꽃을 '자미화(紫微花)'라고도 부른다.

1910년 경술국치를 당하자 절명시(絶命詩) 4편을 남기고 순국한 매천 황현은 '아침이고 저녁이고 천 번을 보고 보아도 싫증이 나지 않는다'라고 읊으며 이 꽃을 특히 사랑했다. 숙부에게 내쫓긴 단종의 복위를 꾀하다 능지처참 당한 사육신 중 한 명으로 절개의 표상인 성삼문도 배롱나무를 매우 좋아했다. 그는 자신의 일편단심과 충절을 100일 동안 변함없이 붉은 꽃을 피우는 배롱나무꽃에 담아 시 「백일홍」을 남겼다.

어제저녁 꽃 한 송이 지고
오늘 아침 꽃 한 송이 피어
서로 일백일을 바라보는
너와 마주하여 즐거이 한잔하리라

성삼문을 비롯한 사육신의 위패를 모시고 기리는 논산의 충곡서원에는 여름이면 곳곳의 배롱나무들이 붉은 꽃을 피워 그들의 일편단심을 대변한다.

배롱나무에는 가슴 아픈 사랑의 전설도 서려 있다. 옛날 어느 어촌에 머리가 셋 달린 이무기가 살고 있었다. 이무기는 해마다 마을에 내려와 처녀를 한 사람씩 제물로 받아 잡아갔다. 어느 해는 제물로 바쳐질 처녀를 연모하는 한 청년이 처녀를 대신하겠다고 나섰다. 청년은 처녀의 옷을 입고 제단에 앉아 이무기가 나타나기를 기다렸다. 이무기가 나타나자 준비한 칼로 이무기의 목을 베었으나 하나의 목은 자르지 못했다. 이무기는 그대로 도망쳤다. 처녀는 청년의 용감함에 반해 목숨을 구해준 은혜에 보답고자 평생 반려자로 모시겠다고 했다.

그러나 청년은 이무기의 나머지 목을 마저 베어야 한다며 배를 타고 이무기를 찾아 나섰다. 떠나면서 처녀에게 "이무기 목을 베어 성공하면 하얀 깃발을 내걸 것이고, 실패하면 붉은 깃발을 걸겠소"라고 말했다. 처녀는 청년이 떠난 후 매일 빌면서 청년이 무사히 돌아오기를 기다렸다. 100일이 되는 날 멀리서 청년의 배가 돌아오는 모습이 보이는데, 불행히도 붉은 깃발을 걸고 있었다. 처녀는 청년이 이무기에게 당해 죽었다고 생각하고는 그만 자결하고 말았다. 그런데 그 깃발은 이무기가 죽으면서 내뿜은 피로 붉게 물든 것이었다. 사정을 알게 된 청년은 자신의 잘못을 통탄하며 처녀의 시신을 양지바른 곳에 묻어주었는데, 이듬해 그 무덤에서 곱고 매끈한 나무 한 그루가 자라나 백일 동안 붉은 꽃을 피웠다.

담양 명옥헌의 가을 풍경. 배롱나무 사이로 정자
명옥헌 지붕이 조금 보이는데, 여름이면 이곳은
붉은 배롱나무꽃 천지로 변한다.

은행나무

탄 성 절 로 나 오 는

원 주 반 계 리

은 행 나 무

    2022년은 벼농사를 비롯해 각종 채소나 과일도 풍년이었는데, 가을 단풍도 매우 고왔던 것 같다. 가을 단풍의 화려함을 흔히 '상엽홍어이월화(霜葉紅於二月花)', 즉 서리 맞은 단풍들이 2월의 봄꽃보다 더 붉다는 말로 표현한다. 2022년의 단풍은 그렇게 표현해도 될 듯하다. 가을 단풍 중에서도 노랗게 물드는 은행나무잎은 언제나 그 꽃보다 화려하고 아름답다. 꽃은 색깔이 화려하지 않아 존재감이 별로 없는데 비해, 풍성한 잎이 샛노랗게 물든 은행나무는 그 표현이 딱 어울린다고 하겠다.

최고 명품
은행나무

　　2022년 가을은 특히 우리나라 최고의 은행나무를 제때 만나볼 수 있어 더욱 충만한 시간을 보낼 수 있었다. 강원도 원주의 반계리 은행나무가 그 주인공이다. 11월 2일 가보고 왔다. '나무 한 그루가 그렇게 큰 감동을 줄 수 있구나' 하는 생각이 들게 만든 은행나무다.

　　1964년에 천연기념물로 지정된 반계리 은행나무는 우리나라 최고의 명품 은행나무로 꼽힌다. 수령이 가장 오래된 은행나무는 아니지만, 1,000년 정도 된 노거수인 데다 수관(樹冠) 폭이 37미터에 이를 정도로 가장 넓으면서 전체적인 모양이 멋지고 생장 상태도 아주 양호하기 때문이다. 게다가 마을 뒤편 들판 가운데 자리하고 있어 오롯이 감상하기에도 좋다.

　　반계리 은행나무의 나이는 1,000년 정도로 추정되며, 높이는 33미터. 밑둥치 줄기가 하나가 아니고 지표면에서 여러 가지로 나뉘어 자랐는데, 밑둥치 가장 아래 둘레는 14미터 정도에 가지가 사방으로 넓게 퍼져 전체적으로 웅장한 모습이다.

　　이날 은행나무 주변에 도착하니 멀리 노란 구름처럼 보이는 것이 눈에 들어왔다. 처음 가는 곳이지만, 단번에 은행나무라는 걸 알아볼 정도였다. 가까이 다가가니 편도 1차로 도로변 한쪽에

강원도 원주의 반계리 은행나무. 우리나라 최고의 명품 은행나무로 꼽히는
이 나무의 2022년 11월 2일 모습인데, 이틀 후인 4일 밤에 이 많은 잎이 모
두 떨어져 버렸다.

차들이 끝이 안 보일 정도로 길게 줄지어 서 있었다. 무슨 일이 있나 싶었는데, 모두 은행나무를 보러 온 사람들이 세워둔 차량이었다. 평일에도 찾는 사람이 많아 은행나무가 있는 곳으로 차량이 못 들어가도록 통제하고 있었다. 주차할 곳을 찾아 차를 세워두고 은행나무를 보며 마을길을 따라 들어갔다.

나무 앞에 서니 탄성이 절로 나왔다. 풍성한 잎들이 모두 샛노랗게 물이 든, 거대하고 멋진 은행나무가 절정의 단풍을 선사하고 있었다. 하늘은 구름 한 점 없는, 푸른 에메랄드빛이어서 은행나무의 노란빛을 더욱 빛나게 했다. 북적이는 사람들에 섞여 나무 주위를 천천히 한 바퀴 돌며 감상했다. 사방에서 보는 모양이 모두 달랐다. 둥근 부채 모양, 오른쪽은 높고 왼쪽은 낮은 모양, 가로로 긴 모양, 한쪽으로 쏠린 모양 등으로 변모했다.

나무 밑둥치도 두세 개로 보이기도 하고, 그 이상으로 보이기도 했다. 지면 위에 드러난 수많은 뿌리가 밑둥치 주위를 수놓고 있는 것도 인상적이었다. 나무 아래는 노란 잎들이 덮고 있어 아름다운 융단을 깔아놓은 듯했다. 오후 1시쯤이었는데, 은행나무 주위에 있는 사람들을 대충 세어보니 160여 명이나 되었다. 내년에 또 시기를 잘 맞춰 보러오자고 하는 말도 들을 수 있었다. 나무 한 그루가 이렇게 많은 사람을 끌어들이는 경우가 있을까 싶을 정도였다.

반계리 은행나무에 대해서는 옛날 이 마을에 살던 성주 이씨

반계리 은행나무 밑둥치 부분 모습.

가 이 나무를 심고 관리하다가 마을을 떠났다는 이야기도 있고, 어떤 스님이 이곳을 지나는 길에 물을 마신 후 가지고 있던 지팡이를 꽂고 갔는데, 그 지팡이가 자랐다는 이야기도 전한다. 이 나무 안에 흰 뱀이 살고 있어서 아무도 손을 대지 못하는 신성한 나무로 여겨왔다는 전설도 전한다.

살아 있는 화석
은행나무

2억~3억 년 전부터 지구에 살았다는 은행나무는 오랜 세월 동안 진화의 영향을 받지 않고 지금과 같은 모습으로 존재했다. 그래서 '살아 있는 화석(living fossil)'으로 불리기도 한다.

은행나무는 암수딴그루로 높이 50~60미터까지 자란다. 꽃은 4~5월에 잎과 함께 피는데, 눈에 확 띄지 않아서 일부러 자세하게 살펴보지 않으면 잘 보이지 않는다. 수꽃은 연한 황록색이며, 암꽃은 녹색이다. 열매는 타원형이며 가을에 황색으로 익는다. 바깥 껍질에서는 고약한 냄새가 날 뿐만 아니라, 맨손으로 함부로 만지면 옻과 같은 피부 알레르기 반응이 생기기도 한다. '은행(銀杏)'이란 이름도 열매의 모양이 작은 노란색 살구를 닮았고, 그 속의 핵과가 하얗다고 해서 붙여졌다. 옛부터 단단하고

다른 방향에서 본 반계리 은행나무.

질이 좋아 귀한 목재로 대접을 받아왔다.

흥미로운 점은 야생종 은행나무는 거의 발견하기 어렵다는 사실이다. 사람이 심어 키운 나무만 남아 있을 뿐, 자연에서 야생으로 번식하는 은행나무는 거의 없다고 한다. 야생에서 은행나무가 생존하기 어려운 이유는 야생 동물이나 곤충이 이 은행나무의 번식에 전혀 도움을 주지 않기 때문이라고 한다. 그래서 사람의 힘을 빌려야만 간신히 번식할 수 있고, 야생에서는 거의 볼 수 없다. 야생동물과 곤충이 그 열매인 은행에 손도 대지 않는 이유는 은행에 함유된 청산(cyanide) 성분 때문이다.

은행나무는 이렇게 사람의 손에 의해 번식하고 장수한 나무라고 할 수 있는데, 그중에서도 공자의 덕을 크게 봤다고 할 수 있다. 공자가 제자를 가르친 곳에 큰 살구나무가 있었다. 공자는 그곳에 단을 만들어 제자들을 가르쳤다. 그래서 공자가 제자를 가르친 곳을 행단(杏壇)이라 부른다. 그런데 우리나라나 일본에서는 살구나무를 의미하는 '행'을 은행나무로 받아들였고, 그래서 서원이나 향교에 은행나무를 심었다고 한다.

은행나무는 병충해가 없어 오래 사는 대표적 장수목으로 꼽힌다. 2,000년 이상 살 수 있다고 하며, 우리나라에도 수령 1,000년이 넘는 은행나무가 적지 않다. 천연기념물로 지정된 노거수 중에서도 은행나무가 가장 많다. 은행나무 다음으로는 느티나무다. 천연기념물 은행나무는 현재 25그루로 파악되는데, 그중 1,000년 이상 된 은행나무가 9그루에 이른다. 보호수로 지정된 은행나무 중에서도 1,000년 이상으로 추정되는 나무가 적지 않다.

가장 오래된 은행나무는
양평 용문사 은행나무

　우리나라에서 수령이 가장 오래되고 키가 큰 은행나무는 경기도 양평 용문사에 있는 용문사 은행나무다. 수령은 1,100년 또는 1,300년으로 추정되며, 높이가 42미터나 된다. 밑둥치 부분 둘레는 15미터에 이른다.

　통일신라시대 경순왕의 아들 마의태자가 금강산으로 가다가 심었다는 이야기, 의상대사가 짚고 다니던 지팡이를 꽂아놓은 것이 자랐다는 전설이 전한다. 이 나무는 조선 세종 때 정3품 당상관 품계를 받는 등 조상들의 각별한 관심과 보살핌을 받아왔다.

　강원도 영월 하송리 은행나무도 수령이 1,000~1,200여 년으로 추정된다. 영월 엄씨의 시조인 엄임의가 심었다고 전해진다. 높이는 29미터이고, 나무 둘레는 약 15미터. 이 나무 안에 신령한 뱀이 살고 있어 동물은 물론 벌레도 감히 얼씬거리지 못한다는 이야기가 전한다.

　충남 금산 보석사 은행나무는 886년 보석사 창건 무렵에 조

은행나무는 대표적인 장수목으로
살아 있는 화석으로 불린다.

구 스님이 심은 것으로 전한다. 높이는 34미터이고, 나무 둘레는 약 11미터다. 1945년 광복 때, 한국전쟁 때, 1992년 가뭄 때 나무가 소리를 내며 울었다고 한다. 금산군은 해마다 10월이면 이 은행나무 앞에서 국태민안, 통일, 풍년 등을 기원하는 '보석사 은행나무 대신제'를 열고 있다.

충북 영동의 영국사 은행나무도 수령이 1,000년 정도로 추정된다. 높이는 31미터. 서쪽으로 뻗은 가지 가운데 하나가 땅에 닿아 뿌리를 내려 독립된 나무처럼 자라는 것이 눈길을 끈다.

이밖에 충남 부여의 주암리 은행나무(높이 23미터, 둘레 8.62미터), 충남 당진의 면천 은행나무(높이 20미터, 둘레 6미터), 충북 괴산의 읍내리 은행나무(높이 16.4미터, 둘레 7.35미터), 충남 금산의 요광리 은행나무(높이 24미터, 둘레 13미터)도 수령이 1,000년 이상으로 추정된다.

소원을 들어주는
은행나무

대구와 경북에도 은행나무 노거수가 많다. 대표적으로 청도 적천사 은행나무를 꼽을 수 있다. 적천사 앞에 은행나무 두 그루가 있는데, 오른쪽 큰 나무가 천연기념물로 지정된 나무다. 수령

청도 적천사 은행나무. 천연기념물로 지정되었으며,
수령은 850년 정도다.

은 850년 정도로 추정된다. 높이 28미터, 나무 둘레 11미터 정도.

적천사는 신라 문무왕 때 원효대사가 창건한 사찰이다. 보조국사 지눌이 고려 명종 5년에 적천사를 다시 지은 후 짚고 다니던 은행나무 지팡이를 심은 것이 자라 지금의 나무가 되었다고 한다. 이런 사연을 기록한 옛 비석이 나무 아래 서 있다.

가을이 되면 해마다 많은 사람의 발길을 끌어들이는 이 은행나무 단풍을 보러 2022년 10월 31일 찾아갔다. 샛노란 단풍이 절정이었다. 적천사에 갔다가 오는 길에 청도 대전리 은행나무도 찾아가 보았는데, 이 나무는 아직 단풍이 많이 들지 않은 상태였다. 대전리 은행나무도 1982년에 천연기념물로 지정되었다. 수령은 400년 정도. 마을 안에 자리하고 있다.

은행나무는 공자와 관련이 있는 나무라 서원이나 향교에서도 많이 심었다. 대구 도동서원, 청도 자계서원, 영천 임고서원, 경주 운곡서원, 영주 소수서원, 봉화 봉화향교 등에 서원이나 향교 건립 때 심은 은행나무들이 400~500년의 수령을 자랑하고 있다.

도동서원 은행나무는 한강 정구가 1605년 도동서원을 중건할 때 심은 것이라고 한다. 도동서원은 김굉필을 기리기 위해 1568년에 처음 건립했다가 임진왜란 때 불타고, 1605년 현재의 자리에 중건했다. 서원 누각인 수월루 아래에 자리한 이 나무는 다른 대부분의 은행나무와 달리 가지들이 옆으로 많이 뻗으며 자

대구 도동서원 은행나무. 은행나무 사이로 보이는 건물이
도동서원 누각 수월루다. 도동서원을 이곳에 중건할 때인
1605년에 심은 나무다.

랐다. 가장 큰 가지 하나는 아예 땅바닥에 닿은 채 자라고 있다. 11월 7일에 찾아갔을 때에는 단풍이 일제히 들지 않고 부분별로 차이가 있어 색다른 모습을 즐길 수 있었다.

정몽주를 기리는 임고서원의 은행나무는 수령 500년으로 추정된다. 나무 높이가 20미터, 둘레는 6미터다. 자계서원과 소수서원 은행나무도 수령 500년이 넘었다. 봉화향교 은행나무도 1579년 향교를 새로 지을 때 심은 나무라고 한다. 높이가 25미터, 둘레는 6미터 정도.

안동 용계리 은행나무, 영주 내죽리 은행나무, 칠곡 각산리 은행나무 등도 유명하다. 천연기념물로 지정된 용계리 은행나무는 안동 용계리 임하호 부근에 있는데, 높이가 31미터, 가슴 높이 줄기 둘레가 14미터에 이른다. 수령은 700년으로 추정된다. 이 은행나무는 임하댐 수몰 지역인 길안초 용계분교 운동장 한편에 서 있던 것을 1990년부터 1992년까지 3년에 걸쳐 현재 위치에 15미터의 높이로 흙을 쌓아 들어 올리는 상식(上植) 공사를 완료했다. 그 후 23억 원의 비용을 투입해 1996년까지 관리해 정착에 성공했다. 줄기 주위에 나무를 보호하기 위한 철근 구조물이 복잡하게 설치돼 있다.

보호수로 지정된 내죽리 은행나무는 수령 1,100년이 넘은 것으로 추정된다. 금성대군의 단종 복위 운동 사연을 품고 있는 이 나무는 오래전부터 은행나무의 별명 가운데 하나인 '압각수

안동 용계리 은행나무(2022년 11월 2일). 임하댐이 생기면서
수몰될 위기에 놓인 것을 1990년부터 3년에 걸친 작업 끝에 15미
터 높이의 동산을 새로 만들어 이식한 것이다.

(鴨脚樹)'라는 이름으로 불렸다. '압각(鴨脚)'은 오리발을 의미하는데, 은행나무잎의 모양이 오리발과 닮았다고 해서 붙은 별명이다.

'말하는 은행나무'로 불리는 칠곡 각산리 은행나무도 수령이 980년으로 추정되며 보호수로 지정되었다. 나무 높이는 30미터, 둘레는 7미터. 말하는 은행나무로 불리는 옛이야기가 있다. 옛날에 성주에서 각산리로 시집온 새색시가 3년이 지나도록 아이를 갖지 못하자, 이 은행나무를 찾아가 눈물을 훔치며 마음을 달랬다. 어느 날 꿈에 이 은행나무가 나타나 친정어머니로 변하더니 "보름달이 뜨는 날 은행나무로 가서 떨어지는 잎을 꼭 잡아라"라는 말을 남기고 다시 은행나무로 변했다. 보름이 되기를 기다렸다가 꿈속에서 알려준 대로 떨어지는 나뭇잎을 잡았다. 자세히 보니 잎이 갈라져 있었다. 그 후 그토록 소원하던 아이를 갖게 되고 아들을 낳았다. 이 이야기가 사람들에게 전해지자 아이를 갖고 싶은 여인들이 모두 보름달이 뜨는 날 은행나무를 찾아가서 떨어지는 은행잎을 잡았다. 갈라진 잎을 잡은 여자들은 아들을 낳고, 갈라지지 않은 잎을 잡은 여자들은 딸을 낳았다. 그 이후 마을 사람 누구나 은행나무에 남모를 고민을 털어놓기 시작했고, 은행나무는 꿈속에서 가족으로 나타나 위로도 해주고, 조언도 해주었다고 한다.

이식 후 나무를 보호하고 정착시키기 위해 설치한 복잡한
철제 구조물이 용계리 은행나무와 함께하고 있다.

대
나
무

꽃 을   피 운

대 나 무 를   보 다

　우리나라 대통령을 상징하는 문장으로도 사용하는 봉황(鳳
凰)은 가장 상서롭고 신령스럽게 여기는 새다. 이 봉황은 전설에
나오는 상상 속의 새로, 영생의 생명력을 가진 상서(祥瑞)와 길상
(吉祥)의 화신이다. 봉(鳳)은 수컷, 황(凰)은 암컷을 뜻한다. 봉
황은 성군의 덕치를 증명하는 징조로 옛 기록 곳곳에 등장한다.
　이런 봉황은 오동나무가 아니면 깃들지 않고, 대나무 열매가
아니면 먹지 않는다. 봉황이 대나무 열매인 죽실(竹實)만 먹는다
고 한 것은 죽실이 그 어떤 것보다 귀하기 때문이었을 것이다. 봉

황의 음식인 죽실은 실제 접하기가 매우 어렵다. 대나무꽃도 마찬가지다. 평생 대나무꽃을 직접 보지 못하는 사람이 대부분이다. 대나무는 50년이나 100년에 한 번 꽃을 피울까 말까 하기 때문이다.

지리산 둘레길에서 만난
대나무꽃

이처럼 보기 어려운 대나무꽃이 무더기로 활짝 피어 있는 모습을 우연히 본 적이 있다. 지리산 산길을 걸을 때였다. 2009년 6월 초순, 전남 운봉에서 인월로 가는 지리산 둘레길을 걸었다. 동편제마을로도 불리는 운봉읍 화수리 비전마을의 판소리 명창 송흥록, 박초월 생가에서 잠시 쉬다가 흥부골을 거쳐 황매암으로 향하던 중, 산길 옆에 있는 대나무들이 꽃을 피운 모습을 보았다. 작은 대숲이었는데, 그곳 대숲의 대나무 모두가 꽃을 피운 상태였다.

꽃 자체는 별로 시선을 끌 만한 매력이 없다. 색깔이나 모양 등이 탐스럽거나 예쁘지는 않고, 향기도 없는 것 같았다. 이 꽃이 열매를 맺으면 바로 봉황이 먹는다는 죽실이 된다.

대나무꽃은 왜 보기가 어려울까. 대나무는 해마다 일정 시기

지리산 둘레길을 걷다가 보게 된 대나무꽃(2009년 6월 6일).
대나무가 꽃이 필 때는 이처럼 대숲의 모든 대나무가 일제히 꽃을
피운다고 한다.

에 꽃을 피우는 다른 초목과 달리 매년 꽃을 피우지 않는다. 좀처럼 꽃을 피우지 않는 대나무는 보통 50~60년 만에, 길게는 100년~120년 만에 꽃이 핀다. 대나무 종류나 환경에 따라 매우 드물게 몇 년 만에 꽃이 피는 경우도 있기는 한 모양이다.

대나무는 꽃을 잘 피우지 않지만, 꽃이 필 경우에는 대숲 전체에서 일제히 함께 핀다. 대나무꽃은 대나무의 번식과는 무관한 돌연변이의 일종으로, 개화병(開花病)이라고도 한다. 일제히 꽃을 피운 후에는 모두 말라 죽는다. 하지만 대나무꽃을 번식의 수단이라고 보는 견해도 있다. 대나무는 뿌리로 번식해 대개 무리를 이루는데, 많은 대나무가 한곳에서 오랫동안 번식하면 땅속의 영양분이 고갈된다. 그래서 더는 죽순으로 번식할 수 없으면 대나무가 꽃을 피우기 위해 안간힘을 쓴다. 자라는 환경이 갑자기 변하거나 영양 상태가 좋지 않으면 자손을 남기기 위해 대숲 전체가 함께 꽃을 피우고, 열매를 남긴 후에는 대부분의 대나무가 말라 죽는다는 것이다. 대나무 열매가 실제로 다음 세대로 발아하는 데 성공하는 경우는 드물다. 대부분 야생동물과 곤충의 소중한 먹이가 된다고 한다. 대나무 열매는 죽실 외에도 죽미(竹米), 야맥(野麥) 등으로도 불린다. 종류에 따라 모양이 다르고 밀알이나 보리알을 닮았다고 한다.

대나무의 결실에 대해서는 우리나라의 옛 기록에도 나온다. 『증보문헌비고』에는 '조선 태종 때 강원도 강릉의 대령산 대나

대구 수성구 주택가에서 본 대나무꽃(2023년 5월 30일).

무가 열매를 맺어 그 모양이 보리와 같고 찰기가 있으며 그 맛은 수수와 같아서, 동네 사람들이 이것을 따서 술도 빚고 식량으로 썼다'라는 기록이 있다.

대나무가 꽃을 피우는 원인에 대해서는 여러 가지 설이 있다. 주기적으로 꽃이 핀다는 설, 영양분의 결핍이 개화의 원인이 된다는 설, 병충의 피해가 직접 개화의 원인이 된다는 설, 식물 고유의 생리작용에 의해 대나무 내의 성분이 변화해서 꽃이 핀다는 설, 기후의 급격한 변화가 원인이라는 설 등 다양하다.

대나무는
풀이다?

대나무는 다들 나무로 알고 이름에도 '나무'가 들어가 있지만, 실제로는 나무 종류가 아니라 풀의 일종이다. 식물 분류학 기준으로 보면 쌀밥을 먹게 해주는 벼와 같은 과인 볏과에 속하는 풀이다. 식물 중 나무로 분류되려면 단단한 부분(목질부)이 있어야 하고, 부피생장을 해야 한다는 두 가지 조건을 갖추어야 한다. 그런데 대나무는 단단한 부분은 있지만, 부피생장을 하지 않는다. 위로는 자라도 옆으로는 거의 자라지 않는 것이다. 그래서 대나무는 나무와 풀의 경계선에 있는 식물이다. 문신이자 시인이었

대나무는 풀과 나무의 경계에 있는 식물이다.

던 고산 윤선도도 수(水), 석(石), 송(松), 죽(竹), 월(月)을 읊은 「오우가」에서 대나무에 대해 이렇게 표현했다.

나무도 아닌 것이 풀도 아닌 것이

곧은 것은 누가 시켰으며 속은 어찌 비었느냐

저렇게 사시에 푸르니 그를 좋아하노라

여러해살이식물인 대나무는 세계적으로 종류가 매우 많다. 120속 1,250종이나 된다. 우리나라에는 19종이 분포한다. 대부분의 대나무 품종은 중국과 일본에 자란다. 중국에 500여 종, 일본에 650여 종이 자생한다.

대나무는 습기가 많은 열대지방에서 잘 자라고, 우리나라에서는 중부 이남과 제주도에 많이 분포하고 있다. 우리나라에서 많이 자라는, 가장 흔한 대나무는 왕대다. 높이 10~30미터, 굵기는 지름 10센티미터 내외로 자란다. 이 왕대를 비롯해 솜대, 맹종죽, 해장죽, 조릿대 등이 있다.

2010년 우리나라 지역별 산림 통계에 따르면 대숲이 전체 산림에서 차지하는 비중은 0.11퍼세트에 불과하다. 전국의 죽림 분포 비율은 전라남도와 경상남도가 84퍼센트를 차지한다.

다양한
대나무 종류

맹종죽은 어린 죽순을 식용으로 먹기 때문에 '죽순대'라고도 부른다. 키는 왕대와 비슷하지만, 굵기는 20센티미터 정도로 훨씬 굵다. 맹종죽과 관련해서는 다음과 같은 이야기가 전한다.

중국 삼국시대에 효성이 지극한 맹종이라는 사람의 모친이 오랜 기간 병환을 앓았다. 한겨울 어느 날 모친이 죽순이 먹고 싶다고 했다. 맹종은 바로 눈이 쌓인 대밭으로 가 죽순을 찾았지만, 한겨울에 죽순이 있을 리가 없었다. 죽순을 구하지 못한 맹종이 눈물을 흘리자 눈물이 떨어진 그곳에 눈이 녹으며 대나무 순이 돋아났고, 이 죽순을 먹은 모친도 병환이 낫게 되었다.

효심의 눈물로 하늘을 감동시켜 죽순을 돋게 했다는 이 이야기에서 '맹종설순(孟宗雪筍)'이라는 고사성어가 탄생했다. '맹종읍죽(孟宗泣竹)'이라고도 한다.

솜대는 높이 10미터 내외로 자라며, 어린 순이 올라올 때 표피에 붙은 작은 흰털이 솜처럼 보인다고 해서 솜대라고 부른다. 솜대의 죽순도 식용으로 쓰인다. 오죽은 표피가 검은색이어서 까마귀 오 자를 써 오죽(烏竹)이라고 부른다. 특히 강릉에서 자라는 오죽이 유명하다. 오죽은 처음에는 녹색으로 자라다가 성장한 뒤 점차 검은색으로 변한다. 또한 고산지대에서 자라는 조릿대가 있는데, 높이는 1~2미터 이내로 자란다. 우리나라 남부지방 높은 산에서 많이 자라며 한약재로 이용한다.

대나무 줄기가 거북등 모양 같다고 해서 '구갑죽'으로 불리는
대나무(부산 아홉산숲).

화살로 쓰이던 대나무 종류인 이대는 높이 3~4미터로 자라며, 비슷한 종류로 신이대가 있다. 해장죽(海藏竹)은 주로 바닷가에서 자라기 때문에 붙은 이름이다. 높이는 4~5미터 정도로 자란다. 방풍을 겸한 주택가 담장용으로 많이 심었다. 보기 드문 구갑죽(龜甲竹)이라는 대나무도 있다. 대나무 줄기 모양이 독특하다. 표피가 거북의 등껍질 모양을 하고 있다고 해서 구갑죽이라고 부른다. 구갑죽의 원산지는 중국이다.

대나무는 오래전부터 삶의 일상에서 다양한 의미로 받아들여졌다. 대표적으로 곧게 자라는 특징 때문에 지조 있는 선비를 상징했다. 한편 인도의 북동부 지방에서는 대나무가 재앙의 상징이라고 한다. 대숲이 한꺼번에 열매를 맺으면 쥐들이 엄청나게 증식하고, 그 쥐들이 민가를 덮치기 때문이다. 이 지역의 엄청난 대나무숲이 50년 정도마다 한꺼번에 꽃을 피우고 열매를 맺는데, 이때 늘어나는 쥐의 개체 수가 상상을 초월한다고 한다.

대나무숲
명소

눈다운 눈이 내리는 것을 보기가 점점 어려워지고 있다. 대구를 비롯한 남부 지역은 특히 더 그렇다. 눈이 내리는 풍경, 눈

눈 내리는 담양 죽녹원 대숲.

덮인 세상은 어디나 보기가 좋다. 푸른 대숲에 흰 눈이 내리는 풍
경은 각별하게 더 좋다. 전남 담양 죽녹원에 찾아갔을 때 멋진 대
숲에 눈이 펑펑 내리는 풍경을 만날 수 있었다.

　죽녹원은 31만제곱미터 규모의 대숲으로, 담양군이 성인산
일대에 조성해 2003년 5월 개원했다. 울창한 대숲 곳곳에 2.2킬

담양 소쇄원 대숲.

로미터의 다양한 산책로가 조성되어 있다. 운수대통길, 죽마고우 길, 사색의 길, 선비의 길, 철학자의 길, 성인산 오름길 등 여덟 가지 주제의 길로 구성되어 있다. 죽녹원에 조성된 시가문화촌에 는 면앙정, 송강정 등의 정자와 죽로차제다실, 한옥체험장, 소리 전수관인 우송당을 한곳에 재현, 담양의 역사와 문화를 느끼고

체험할 수 있도록 하고 있다.

울산 태화강의 십리대숲도 유명하다. 울산 태화교와 삼호교 사이 태화강 양편의 대숲으로, 폭 20~30미터에 길이가 4킬로미터나 된다. 일제강점기에 잦은 홍수 범람으로 인한 농경지 피해가 잇따랐다. 이에 주민들이 홍수 방지용으로 심은 대나무들이 오늘의 십리대숲으로 변한 것이다.

태화강대공원의 중심에 있는 이 대숲은 울산 12경 중 최고로 꼽힌다. 대숲으로 들어서면 딴 세상이 펼쳐진다. 70만 그루의 대나무가 자라는, 빼곡한 숲이 만들어내는 초록 터널이 가도 가도 끝없이 이어진다.

경남 거제 하청면에는 맹종죽테마공원이 있다. 10만 제곱미터 부지에 맹종죽을 이용한 산책로를 비롯해 모험의 숲, 죽림욕장, 지압체험장, 대나무 공예체험장, 전망대를 갖추고 있다. 거제 맹종죽은 1926년 하청면의 영농인 신용우가 일본 산업시찰 후 귀국할 때 맹종죽을 가져와 성동마을 자기 집 앞에 심게 된 것이 시작이라고 한다. 내한성이 약한 맹종죽은 남부 일부 지역에서만 재배되며, 우리나라 맹종죽의 80퍼센트 이상이 거제에서 생산되고 있다.

우리나라의 대표적 민간 전통 원림인 담양 소쇄원의 대숲도 멋지다. 소쇄원을 찾으면 입구에서 먼저 하늘까지 닿을 듯 높이 뻗은 왕대들이 맞이한다. 소박하면서도 멋진 이 대숲길을 지나면

일본 교토 덴류지(天龍寺) 대나무숲.

작은 개울과 정자, 연못, 돌담 등 정겹고 아름다운 풍경이 펼쳐진
다. 소쇄원을 지나면 개울 오른쪽으로 또 다른 드넓은 대숲이 다
시 펼쳐진다.

정판교와
대나무

대나무를 좋아하고 대나무를 잘 그린 서화가로 유명한 중국
의 판교 정섭은 대나무의 성품을 묘사한 글도 많이 남겼다. 정섭
이 그림의 화제(畵題)로 지은 「대나무와 바위」라는 시다.

청산을 악물고 놓아주지 않은 채
뿌리를 쪼개진 바위틈으로 내려 세웠네
천 번 만 번 두들겨도 꼿꼿하기만 하니
동서남북 사방으로 바람이야 불든 말든

문인이자 서화가인 정섭은 청나라 건륭제 시기에 장쑤성 양
저우에서 활약했던 여덟 명의 대표 화가를 이르는 '양주팔괴(揚
州八怪)'의 핵심 인물이다. 시서화 모두에 뛰어났던 그는 괴팍한
성격과 독특한 예술적 성과를 아우르는 의미로 '광방(狂放)' 예

중국 양저우 수서호 정원에서 본 대나무.
줄기 무늬가 독특하다.

술가로 통하면서, 관직에 있을 때는 보기 드문 선정을 펼쳐 백성들이 생사당(生祠堂: 살아 있는 관리를 기리기 위해 세운 사당)을 세울 정도로 큰 사랑을 받았던 청백리였다. 늦게 관직에 올랐으나 백성을 위한 구제책을 두고 상관과 부딪히면서 결국 사직 후 고향에 돌아가 그림을 팔아 생계를 이어가다 별세했다. 정섭의 묵죽도 화제 중에는 이런 시도 있다.

해마다 대나무 그려 맑은 기운 사는데
맑은 기운 사지만 가격은 낮춰 부르네
고아함은 많길 바라고 돈은 적게 내려 드니
대부분 주점 주인에게 주고 만다네

그의 성품을 엿볼 수 있는 시다. 다음은 1751년 59세 때 쓴 「대나무」라는 글이다.

우리 집에 두 칸짜리 초가집이 있어 남쪽에 대나무를 심었다. 여름 날 새 대가 자라서 이파리가 나오고 녹음이 사람에게 드리워질 때, 거 기다 작은 걸상 하나 놓으면 시원하기가 참으로 그만이다. 가을 가고 겨울 올 무렵, 병풍 살을 가져다가 양쪽 끝을 잘라 옆으로 완자 창틀을 만들고는, 거기다 얇고 깨끗한 종이를 발랐다. 바람이 잘 들고 날이 따 스할 때면, 추워서 굳어 있던 파리가 완자창 종이를 치면서 동동거리는 작은 북소리를 낸다. 그때 대나무의 그림자가 어른거리거늘 이 어찌 천 연의 그림이 아니겠는가. 무릇 내가 그리는 대나무는 결코 누구에게 사 숙한 바가 없다. 대부분 저 종이창과 회벽, 햇살과 달그림자 속에서 얻 었을 뿐이다.

소나무

지 금 도 눈 에 선 한

삼 척 준 경 묘 금 강 송

'남산 위에 저 소나무 철갑을 두른 듯'이라는 구절로 애국가에도 등장하는 소나무. 소나무는 우리나라를 대표하는 나무라 할 수 있다. 우리나라 국민이 가장 좋아하는 나무이기도 하다. 2021년 8월 국립산림과학원이 발표한 설문조사 결과, 일반인 37.9퍼센트, 전문가 39.3퍼센트가 소나무를 가장 좋아한다고 응답했다. 일반 국민은 경관적 가치(29퍼센트)와 환경적 가치(24.8퍼센트)를, 전문가는 역사·문화적 가치(36퍼센트)와 경관적 가치(24.6퍼센트)를 이유로 소나무를 가장 좋아한다고 응답했다. 이어 2위 단

강원도 삼척 미로면 활기리에 있는 준경묘 초입의 금강송숲.

풍나무(16.8퍼센트), 3위 벚나무(16.2퍼센트), 4위 느티나무(5.8퍼센트) 순으로 나타났다. 소나무는 이전 여섯 차례의 조사에서도 줄곧 가장 좋아하는 나무 1위를 기록했다.

소나무 종류 중 가장 멋지고 아름다운 소나무로 금강송이 꼽힌다. 황장목, 미인송, 춘양목 등으로도 불리는 금강송은 목재로서의 가치도 가장 높게 평가받는다. 이런 금강송 중에서도 최고의 금강송숲으로 꼽히는 곳이 삼척 준경묘 금강송숲이다. 이곳의 소나무는 정말로 철갑을 두른 듯한, 껍질이 두껍고 큰 일반 육송과는 차원이 다르다. 모두 키가 20~30미터로 클 뿐만 아니라 하나같이 곧고 미끈하게 솟아 있다. 껍질도 얇고 붉은 기운이 감돈다. 보통의 소나무숲과는 다른 기운이 느껴진다.

이 숲의 소나무는 특히 최고의 가치를 지닌 목재로 대접을 받는다. 그래서 옛날부터 궁궐의 건물을 중건하거나 복원하는 데 사용되었다. 2008년 화재로 타버린 숭례문이나 광화문의 복원 공사를 위해 이곳 소나무 수십 그루가 기둥이나 대들보로 쓰였다. 준경묘 금강송은 1961년 국보인 숭례문 중건 당시에도 사용되었다.

아름드리 금강송숲 한복판에 있는 준경묘는 세종의 6대조 이안사의 아버지, 그러니까 세종의 7대조인 이양무의 무덤이다. 해발 1,357미터 두타산의 배꼽에 해당하는 천하명당으로 알려진 이 준경묘는 조선 왕조 탄생의 전설이 깃든 곳이다. 이안사가 도승의 계시를 받아 얻은 이 명당자리에 부친 이양무 묘를 쓴 후 5대에 이르러 이성계가 조선을 건국했다는 '백우금관(百牛金冠)'의 전설이 전한다.

이양무의 묘터를 구하러 산속을 헤매던 이안사가 우연히 한 도승의 말을 엿듣게 된다. 도승이 그 자리를 두고 혼잣말로 "소 100마리를 잡아 제사하고 금으로 된 관을 싸서 장사를 지낸다면 5대 안에 왕자가 출생할 자리"라고 한 것이다. 이안사는 그 자리에 아버지를 묻기로 마음먹지만, 가난한 형편에 소 100마리와 금으로 된 관은 언감생심이었다. 궁여지책으로 소 100마리를 흰 소 한 마리로 대신했다. 일백 백(百) 자와 발음이 같은 흰 백(白) 자의 흰 소, 즉 백우(白牛) 한 마리를 쓴 것이다. 금관은 귀리 짚으로 엮어 만들었다.

이렇게 명당자리에 쓴 이양무의 묘가 지금의 준경묘다. 도승의 예언대로 묘를 쓰고 5대가 지난 뒤에 태조 이성계가 조선을 개국하고 왕위에 올랐다. 준경묘는 노동산 정상 부근에 있다. 묘는 골짜기 두 개가 합쳐지는 작은 분지 위쪽에 자리하고 있다. 경사진 곳에 축대를 쌓아 조성한 묘는 그리 크지 않고, 그 아래 정자각과 표석, 홍살문, 연못 등이 있다. 묘역은 잔디밭으로 관리하고 있다.

준경묘와 주변 송림. 준경묘는 태조 이성계의 5대 조부
이양무의 무덤이다.

정이품송과 혼례 치른
금강송

금강송 군락지로 울진 소광리가 규모도 크고 유명하지만, 준경묘 주변 금강송숲도 소광리 못지않다. 준경묘 주변의 소나무들은 궁궐 목재로 사용하기 위해 문화재청의 소유로 되어 있으며, 삼척시가 관리하고 있다. 면적은 507만 1,126제곱미터에 이르고, 소나무만 34만여 그루가 자라고 있다. 금강송 중에서도 최고의 금강송으로 평가받고 있는 이곳의 소나무 중에서도 가장 아름다운 나무로 뽑힌 금강송이 있다. 우리나라의 대표적 소나무인 충북 보은의 정이품송과 혼례를 올린 금강송이 그 주인공이다.

준경묘를 천하명당으로 만드는 주인공은 주변의 멋진 금강송숲이다. 넓은 숲을 이루고 있는 거의 모든 나무가 소나무다. 그 금강송이 하나같이 크고 곧고 멋져 탄성이 절로 나온다. 그중에 충북 보은에 있는 조선 세조가 정이품 벼슬을 내린 수령 600여 년의 천연기념물 정이품송과 혼례를 올린, 대한민국 최고의 미인송이 있다. 산림청이 한국을 대표하는 소나무의 혈통 보존을 위해 10여 년의 연구와 엄격한 심사를 통해 우리나라에서 가장 아름다운 소나무로 선정한 나무다. 준경묘로 가는 입구 길옆 오른쪽 비탈에 다른 금강송과 더불어 서 있다. 높이 32미터의 큰 나무인데도 대나무처럼 곧게 뻗어 유독 눈길을 끈다. 굵기는 가슴

산림청이 엄격한 심사를 통해 한국 최고의 소나무로 선정한
준경묘 미인송(철책 안 소나무). 2001년 충북 보은의 정이품송
과 혼례를 치른 후 후계목 생산에 성공했다.

높이 둘레 2.1미터 정도, 수령은 2001년 기준 95년이었다.

2001년 당시 산림청장이 주례를, 삼척시장과 보은군수가 각 각 혼주를 맡아 '소나무 전통혼례'를 치렀다. 삼척과 보은의 남녀 초등생 한 명씩을 신랑, 신부 역할로 뽑아 혼례식을 거행했다. 나무 잘 타기로 소문난 한 청년이 정이품송의 화분을 가지고 32미터 높이의 미인송에 올라 암술에 찍어 바른 후, 주변 나무의 꽃가루가 침범하지 못하도록 비닐 포장지를 씌웠다. 이후 교접에 성공한 미인송의 소나무 씨앗으로 200여 그루의 아기 소나무 생산에 성공했다. 그중 한 그루는 혼례 10년 후인 2011년 서울 종로구에 있는 국립고궁박물관으로 이식되었다.

만수지왕
소나무

오랜 세월 동안 우리 민족의 삶과 함께해온 소나무는 산성 토양에서 잘 자라는 것으로 알려져 있으며, 따뜻한 기후와 적당한 햇빛을 좋아한다. 특이하게 뿌리와 잎에서 타감작용(생물체가 자체적으로 생화학적 물질을 분비해 주변의 다른 생물체의 생장에 영향을 주는 현상)을 일으키는 갈로타닌이라는 천연 제초제를 분비한다. 이런 특성 때문에 진달래와 철쭉 정도 외에는 소나무숲에서

이인상의 '송하독서도'. 소나무는
문인 화가들의 주요 그림 소재가
되기도 했다.

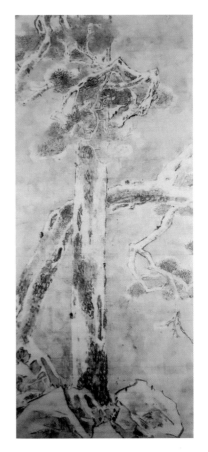

이인상의 '설송도'.

경주 흥덕왕릉 앞 솔숲.

함께 자랄 수 있는 식물이 거의 없다.

소나무는 예로부터 귀한 대접을 받았다. 장생불사를 상징하는 열 가지 사물인 십장생(十長生: 해, 산, 물, 돌, 소나무, 달 또는 구름, 불로초, 거북, 학, 사슴)에 속하는 소나무는 '만수지왕(萬樹之王)' 또는 '백목지장(百木之長)'으로 불리기도 한다.

임금의 관을 짤 때도 소나무인 황장목을 사용했고, 왕릉 조성 때도 송림을 기본으로 했다. 경주에 있는 신라 왕릉은 대부분 송림으로 둘러싸여 있다. 고려 왕릉도 북한의 열악한 관리 때문에 찾아보기 어렵기는 하지만, 기본적으로 송림을 조성했다. 조선 왕릉도 송림을 원형으로 해서 다른 상록수들이 섞여 있다.

100여 종이나 되는 지구상의 소나무는 북반구의 북위 30도 위아래로 폭넓게 분포하지만 주 분포지는 한국, 일본, 중국, 러시아 일부 지역이다.

소나무를 잎으로 구분하면 두 갈래 잎에는 적송, 해송, 반송 등이 있다. 세 갈래 잎에는 백송, 리기다소나무 등이 있다. 적송(赤松)은 껍질이 거북등처럼 갈라지며 하늘을 향해 쭉 뻗어 있다. 위로 올라갈수록 더 붉은색을 띤다. 목질이 단단하면서도 부드러워 우리나라의 대표적인 건축재로 쓰이고 있다. 금강송도 적송에 속한다. 반송(盤松)은 줄기가 여러 갈래로 갈라져 자란다. 줄기 밑 부분에서 굵은 곁가지가 많이 갈라져 나무 모양이 우산처럼 더북한 반송은 만지송(萬枝松)이라고도 한다. 전국 곳곳에 아름답고 오래된 반송이 있다. 가지가 아래로 처지는 소나무는 '처진 소나무'라 부르는데, 경북 청도 운문사의 처진 소나무가 유명하다. 바닷가에 서식하는 해송(海松)은 표피가 검다. 곰솔, 흑송으로도 불린다. 해송은 껍질이 거칠고 강한 잎을 가지고 있다.

껍질이 흰 백송(白松)은 소나무의 돌연변이로 알려져 있다. 중국 베이징 지방이 원산지다. 우리나라의 백송은 모두 중국에서 가져온 것이라 한다. 백송의 껍질은 매끄러운데, 20년 정도 되어야만 껍질이 떨어지기 시작한다. 40년 이후에는 백색의 큰 껍질 조각이 떨어지며 백송의 특징이 나타난다. 대표적인 백송으로 서울 조계사와 재동 헌법재판소의 백송을 들 수 있다. 1950년대 산림녹화용으로 미국에서 들여온 리기다소나무는 껍질이 거칠고 곧게 자란다. 목재는 질이 나쁘고 송진이 많이 나오며 옹이가 많아 쓰임새가 적지만, 송충이 피해에 강하고 어디서나 잘 자라기 때문에 사방조림에 주로 사용했다. 지금은 별로 심지 않는다. 일본 원산인 금송(金松)도 있다. 금송은 잎이 두툼하고 더운 지방에서 잘 자란다.

우리나라에서 산림은 국토 면적의 65퍼센트 정도를 차지한다. 소나무는 1970년대까지 전체 산림의 50퍼센트를 차지했으나 자연환경의 변화에 따라 매년 감소, 2007년에는 23퍼센트인 150만 헥타르로 줄어들었다. 절반 이상이 사라진 것이다. 대신 같은 기간 활엽수림은 10퍼센트대에서 26퍼센트까지 넓어졌다. 국립

눈 내리는 송림 풍경.

산림과학원의 분석에 따르면 2060년경에는 지구온난화로 경북 북부, 지리산, 덕유산 등 고산지대와 강원도에서만 소나무를 볼 수 있을 것이라는 연구 결과도 나왔다.

소나무는 개별 소나무를 비롯해 소나무 군락, 소나무숲 등 총 40건이 천연기념물로 지정되어 보호받고 있다. 이 가운데 수령 600여 년의 서울 재동 백송과 수령 500여 년의 조계사 백송 등 오래된 백송 다섯 그루도 포함되어 있다.

대표적
백송과 반송

백송은 나이가 어릴 때는 껍질이 희지 않고 푸른색을 띠며, 나이가 들면서 점차 흰색으로 바뀐다. 중국이 원산지여서 당송 (唐松)으로도 불리었다. 식물 이름에서 '당'은 보통 중국을 의미한다.

우리나라의 백송 중에는 충남 예산의 추사고택 근처에 있는 천연기념물 예산 용궁리 백송이 유명하다. 이 백송은 추사 김정희가 중국에서 가져온 씨앗을 고조할아버지 김흥경의 묘 옆에 심어서 자란 것이다. 김정희가 베이징에서 가져온 백송은 자금성 뒤편의 경산공원에서 볼 수 있다. 경산은 명조의 마지막 황제 숭

중국 베이징 자금성 내 어화원의 백송.

국립대구박물관 백송. 1994년 개관을 기념해
김영삼 대통령이 식수했다.

정제가 자결한 곳이다. 이자성의 군대가 북경성을 포위하자 그 누구도 황제를 보호하지 않고 모두 도망쳤다. 숭정제는 어쩔 수 없이 자금성 뒤편의 경산에 올라 궁궐을 바라보면서 스스로 목숨을 끊었다. 산 정상 만춘정으로 오르는 곳곳에서 키가 큰 백송을 만날 수 있다.

자금성 안에도 멋진 백송 고목이 있다. 자금성 안 태화전, 중화전, 보화전, 건청궁, 교태전에는 나무가 한 그루도 없다. 자객이 몸을 숨길 곳이 없도록 감시하기 위한 방비책이라고 한다. 그러나 자금성 북쪽 끝부분에 있는 어화원은 각종 기암괴석과 함께 소나무와 측백나무, 향나무 등 수목으로 꾸며놓고 있다. 황실 정원인 이곳에는 부벽정, 만춘정, 천추정 등 정자도 있다. 또한 태호에서 가져온 수석들을 10미터 높이로 쌓아 만든 퇴수산이 있고, 그 꼭대기에는 어경정이 있다. 이 퇴수산 앞에 멋진 백송 한 그루가 서 있다. 수령 600년 정도라고 한다.

천연기념물은 아니지만 순천 송광사와 울진 불영사에서도 멋진 백송을 볼 수 있었다. 국립대구박물관에도 1997년 개관을 기념해 김영삼 대통령이 식수한 백송이 자라고 있다. 백송은 대부분 반송처럼 줄기가 여러 갈래로 자란다. 이외에 유명한 반송으로는 구미 독동리 반송, 무주 삼공리 반송, 고창 선운사 도솔암 장사송 등이 유명하다. 모두 천연기념물이다.

도솔암 장사송은 고창 선운사에서 도솔암을 올라가는 길가

전북 고창 선운사 도솔암 아래에 있는 장사송.
수령 600여 년의 천연기념물이다.

소나무꽃인 송화.

에 있는 진흥굴 바로 앞에서 자라고 있다. 나무의 수령은 600년 정도. 반송으로 분류되는데 키가 크다. 높이 23미터에 가슴 높이의 둘레는 3.1미터다. 높이 2.2미터 정도에서 줄기가 크게 세 가지로 갈라져 있고, 그 위에서 다시 여러 갈래로 갈라져 부챗살처럼 퍼져 있다. '장사송' 또는 '진흥송'이라고도 부른다. 장사송은 이 지역의 옛 이름인 장사현에서 유래한 것이며, 진흥송은 옛날 진흥왕이 수도했다는 진흥굴 앞에 있어서 붙여진 이름이다.

무주 삼공리 보안마을에서 자라고 있는 반송의 수령은 400년 정도로 추정되며, 높이는 14미터다. 옛날에 이 마을에 살던 이주식이라는 사람이 150여 년 전에 다른 곳에 있던 것을 이곳으로 옮겨 심었다고 전해진다.

구미 독동리 반송도 수형이 매우 수려하다. 수령은 400년으로 추정되며, 나무 높이는 13미터. 뿌리 부분에서부터 줄기가 10여 개로 나뉘어 넓게 퍼져서 전형적인 반송의 형태를 보인다. 이 반송은 2023년 여름 태풍 카눈으로 인해 일부 가지가 찢어지며 쓰러지는 피해를 입었다.

자작나무

맑 고   창 백 한

영 양   자 작 나 무 숲

자작나무처럼 나도 추운 데서 자랐다

자작나무처럼 나도 맑지만 창백한 모습이었다

자작나무처럼 나도 꽃은 제대로 피우지 못하면서

꿈의 키만 높게 키웠다

내가 자라던 곳에는 어려서부터 바람이 차게 불고

나이 들어서도 눈보라 심했다

그러나 눈보라 북서풍 아니었다면

맑은 겨울 하늘과 어우러진 영양 자작나무숲.

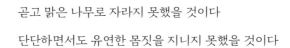

곧고 맑은 나무로 자라지 못했을 것이다

단단하면서도 유연한 몸짓을 지니지 못했을 것이다

도종환의 시 「자작나무」 가운데 일부다. 한겨울의 자작
나무숲을 보기 위해 영양 자작나무숲을 찾아갔다. 경북 영
양군 수비면 죽파리 검마산 깊은 산속에 있다. 2023년 1월
31일 아침, 대구에서 죽파리로 향했다. 최강 한파가 마무리
되는 시기, 대구의 낮 온도가 영상인 날을 택했다.

자작나무숲

가는 길

처음 가보는 자작나무숲도 좋았지만, 그보다는 자작나
무숲에 도달하기까지 계곡 옆길을 따라 혼자 깊은 산속을
10리 정도 걷는 시간이 못지않게 좋았다. 깊은 산속의 자연
을 온전히 누릴 수 있었기 때문이다. 산 입구에서 계곡의 얼
음 위로 걸어보기도 하며 천천히 한 시간 이상을 걸어 올라
갔다. 평일 오전 12시쯤부터 걷기 시작했는데, 도착해 자작
나무숲을 돌아볼 때까지 나 혼자였다.

산속 계곡을 따라 낸 임도가 이어진다. 자갈과 흙으로

2023년 1월 31일에 가본 영양 자작나무숲. 1993년 검마산 자락
30여 헥타르에 심어 가꾼 국내 최대 규모 자작나무숲이다.

만든 넓은 임도는 가파른 곳이 거의 없는, 걷기 좋은 평탄한 길이
다. 더불어 임도 옆으로 계곡 가까이에 따로 조성한 숲속 오솔길
이 곳곳에 있다. 이 길을 걸으면 더욱 호젓함을 누릴 수 있다.

나무의 장

길은 양쪽에 높은 산줄기가 있어 햇빛이 들지 않는 구간이 훨씬 많다. 계곡에는 얼음이 꽝꽝 얼어 있었다. 이날은 구름 한 점 없는 맑은 날씨였고, 추위는 많이 풀렸으나 산 계곡은 영하의 기온이었다. 무성하던 잎들이 모두 떨어진 활엽수 나목이 대부분이고, 곳곳에 멋진 적송이 존재감을 드러내는 풍경이 펼쳐졌다. 그리고 들리는 건 내 발걸음 소리와 바람 소리, 새소리가 전부였다.

바람도 별로 없는 날씨였지만, 산 능선 위로는 바람이 지나가는지 멀리서 바람 소리가 들려왔다. 간혹 청설모 등이 오가는 소리도 들렸다. 그리고 무슨 소리인지 알 수 없는 소리가 두어 번 들렸다. 어릴 때 어른들이 들려준, 사람을 해치는 짐승이 내는 소리가 아닌가 싶어 마음이 잠깐 움츠러들기도 했다. 인적 없는 너무 적막한 분위기 때문이었을 것이다.

길 곳곳에는 아직 눈이 녹지 않은 곳도, 빙판으로 변한 곳도 많았다. 한겨울이라 식물이 피우는 꽃은 없지만, 대신 겨울이 만들어낸 다양한 '얼음꽃'을 계곡 주변 곳곳에서 볼 수 있었다. 나무나 큰 바위 아래에 스며 나오는 땅속의 습기와 영하의 날씨가 싸우며 만들어낸 얼음꽃은 물론, 계곡 옆 곳곳에 흘러내리는 폭포들이 만들어낸 다양한 얼음 조각을 보는 즐거움도 각별했다. 고개를 들면 나목들이 늘어선 산 능선과 구름 한 점 없는 파란 하늘이 어우러진 풍경이 또한 마음을 충만하게 했다.

그렇게 자연을 느끼며 걷다 보니 눈앞에 큰 계곡이 끝나고

세 개의 작은 계곡이 합쳐지는 산자락이 나타나면서, 거기에 자작나무숲이 멀리까지 펼쳐져 있는 풍경이 눈에 들어왔다.

한국에서는 보기 드문 자작나무숲을 거닐며 한겨울 숲의 정취를 만끽했다. 오래 기억될 시간이었다. 심은 지 오래되지 않아 약간의 아쉬움이 있었지만, 해가 갈수록 사람들의 관심과 사랑을 차지할 것이 분명해 보였다.

영양 자작나무숲의 5월 풍경. ⓒ 영양군

1993년에 조성한
자작나무숲

영양군 수비면 죽파리 첩첩산중에 자리한 자작나무숲에는 수령 30년생 자작나무들이 빼곡히 자라고 있다. 겨울의 숲에 들어서면 하늘을 향해 쭉쭉 뻗은 순백의 나무들이 별천지를 선사한다. 자작나무숲으로 가는 길목에 있는 죽파리 마을은 조선시대 보부상들이 정착하면서 개척한 마을로 대나무가 많아 '죽파(竹坡)'라 불렸다고 한다.

죽파리 자작나무숲은 인공적으로 조성된 숲이다. 산림청이 1993년 죽파리 검마산 자락 일대에 자작나무를 심어 조성했다. 솔잎혹파리로 소나무들이 죽으면서 황폐화한 곳에 자작나무를 심어 가꿔온 숲이다. 축구장 40개에 해당하는 30.6헥타르에 12만 그루의 자작나무가 자라고 있다.

자작나무숲에는 2킬로미터가량 산책로가 조성되어 있다. 이 자작나무숲은 2020년 국가 지정 국유림 명품숲에 선정되기도 했다. 찾아갔을 때는 정식 개장 전이었는데, 진입도로와 주차장을 비롯해 화장실, 자작나무숲 힐링센터, 자작나무 체험숲, 카페 등 관련 시설을 준비하고 있었다.

영양 자작나무숲과 더불어 우리나라의 대표적 자작나무숲으로 인제 자작나무숲이 있다. 영양 자작나무숲보다 더 일찍 유명해진 숲이다. 남한에서는 자생하는 자작나무를 보기 어려운데, 한반도에서는 중부 이북이나 고산 지역인 강원도 산간에 드물게 보인다. 우리나라의 대표적 자작나무숲인 인제 원대리 자작나무숲도 산림청에서 조성한 국유림이다. 1974년부터 1995년까지 자작나무 수십만 그루를 심어 가꾸어온 곳이다. 원래 소나무숲이었지만, 솔잎혹파리로 인한 병충해가 심해 소나무를 베어내고 그 자리에 자작나무를 심었다.

원대리 자작나무숲 중에서도 자작나무가 특히 많은 '속삭이는 자작나무숲'은 명품숲으로 지정, 관리되고 있다. 해발 800미터 정도 위치에 자리한 이 숲은 2012년부터 개방되어 찾는 사람들이 갈수록 늘고 있다. 이 숲의 자작나무들은 높이가 20~30미터에 이르고, 사람 가슴 높이 지름은 15~20센티미터가량이다. 숲 안에는 정자처럼 지은 숲속 교실과 전망대, 인디언 집 등이 있다. 특히 자작나무를 엮어 만든 인디언 집이 인기를 끌고 있다.

영양 죽파리와 인제 원대리의 자작나무숲과 함께 김천 수도산 자작나무숲, 청송 무포산 자작나무숲도 산림청이 조림해 가꿔온 대표적 자작나무숲이다.

자작나무는?

자작나무의 이름은 이 나무를 태우면 '자작자작' 소리가 나서 붙여졌다고 한다. 다른 나무도 불을 붙이면 타는 소리가 나지만, 자작나무는 다른 나무에 비해 그 소리가 훨씬 크다. 자작나무가 다른 나무보다 소리가 많이 나는 이유는 자작나무의 성분 때문이다. 이 나무의 껍질에 기름기가 많아서 그렇다. 기름 성분이 있어 불이 잘 붙는 자작나무는 불쏘시개로 많이 쓰인다. 흔히 결혼식을 올리는 것을 '화촉을 밝힌다'라고 하는데, 이때 화촉이 바로 자작나무 껍질 기름을 활용한 초를 말한다. 옛날 다른 기름이 흔치 않을 때 자작나무 껍질에 불을 붙여 촛불을 대신하기도 했다. 화촉의 화(樺) 자가 바로 자작나무를 뜻한다. 같은 의미로 간혹 화(華) 자를 쓰기도 했는데, '화촉(華燭)'이라는 말도 '화촉(樺燭)'에서 비롯된 것이다.

자작나무 둥치를 만져보면 매끈매끈하면서 약간 폭신한 느낌이 든다. 기름기 때문인지 아주 부드럽고 매끄러운 가죽을 만지는 느낌이다. 자작나무의 하얀 껍질은 잘 벗겨지는데, 이 껍질은 종이 대용으로 사용되기도 했다. 우리나라는 물론 일본이나 중국도 자작나무 껍질에 부처의 모습을 그리거나 불경을 적어 남겼다. 1973년 경주 천마총에서 하늘을 나는 천마가 그려진 말다래가 출토되었다. 천마가 그려진 말다래의 주재료가 바로 자작나무 껍질이다. 말다래는 말안장에 늘어뜨려 진흙이 말에 튀는 것을 막는 장식품을 말한다.

자작나무를 '백서(白書)'라고 부르기도 한다. 옛날 그림을 그리는 화공들이 이 나무의 껍질을 태운 것을 활용해 그림을 그리거나 가죽을 염색하는 데 사용하면서 부른 이름이라고 한다. 자작나무가 추운 날씨에도 잘 버텨낼 수 있는 것도 이런 껍질 덕분이다. 기름 성분이 있는 여러 겹의 얇은 껍질이 자작나무 줄기를 둘러싸고 있기 때문이다. 혹한의 추위를 버틸 수 있게 하는 이 기름 성분은 자삭나무 줄기를 안 썩게 해주는 기능도 한다. 백두산 근처의 집은 너와집이 많은데, 지붕을 자작나무 껍질로 덮고 바람에 날리지 않도록 그 위에 돌을 가득 올려놓았다. 자작나무 껍질에 기름기가 많아 잘 썩지 않기 때문이다.

활엽수인 자작나무는 위도가 높은 곳에서 자란다. 시베리아나 북유럽, 동아시아 북부, 북아메리카 북부 숲의 대표적인 식물이다. 실제 러시아 상트페테르부르크와 몽골을 여행할 때 자작나무를 실컷 볼 수 있었다. 우리나라에서는 함경도와 평안도에 자작나무가 자생하고, 백두산에 오르면 자작나무를 흔하게 볼 수 있다고 한다.

여러 지역의 많은 민족이 자작나무를 영험한 나무라고 여기며 신성시했다. 중앙아시아와 북아시아에서 샤먼이 굿을 할 때 자작나무와 말을 이용하여 제례를 치렀다. 말의 등 위에서 자작

자작나무 원줄기 모습. 껍질은 폭신한 느낌이 나고, 얇은 껍질이 잘 벗겨진다.

나무 가지를 흔들며 말을 죽인 뒤 자작나무 가지를 불 속에 던진다. 몽골의 부랴트족은 자작나무를 천상계의 문을 열어주는 문의 수호자로 생각했다.

자작나무에 얽힌 이야기도 적지 않은데, 특히 이 나무의 탄생 설화가 유명하다. 몽골의 영웅이자 세계 역사를 바꿔 놓은 칭기즈칸이 유럽을 공략하던 시절, 칭기즈칸을 도운 유럽의 한 왕자가 있었다. 왕위 계승에 불만을 품은 왕자는 칭기즈칸 군대의

몽골 자작나무숲. 멀리 산 아래 보이는 숲의 나무 대부분이
자작나무다. 짙게 보이는 나무는 소나무다.

우수함을 과대 선전해서 유럽 군대가 싸우지도 않고 도망가도록 만들었다. 이 사실을 안 유럽의 왕들이 이 왕자를 잡으려고 하자 왕자는 홀로 북쪽의 깊은 산속으로 도망갔다. 그러나 더는 도망 갈 곳이 없게 되자 땅에 큰 구덩이를 파고 자신의 몸을 흰 명주실로 칭칭 동여맨 후, 그 속에 몸을 던져 죽었다. 이듬해 어느 봄날, 왕자가 죽은 곳에서는 나무가 한 그루 자라났다. 이 나무가 마치 흰 비단을 겹겹이 둘러싼 듯, 하얀 껍질을 아무리 벗겨도 흰 껍질이 계속 나오는 자작나무라고 한다.

자작나무는 문학과 예술 등의 소재로도 애용되었다. 시베리아를 배경으로 찍은 영화에는 대부분 자작나무숲이 등장한다. 영화 '닥터 지바고'에 나오는 자작나무숲이 특히 인상적이다. 광활하게 펼쳐진 설원의 눈보라 속에 쭉쭉 뻗은 늘씬한 몸매와 하얀 피부를 자랑하는 자작나무숲은 영화의 또 다른 주인공이었다. 영화에서 주인공 지바고와 라라는 언제나 흰 눈과 자작나무를 배경으로 만남과 헤어짐을 이어간다.

안중근의 삶을 다룬 영화 '영웅'에서도 자작나무숲이 등장한다. 영화는 흰 눈이 쌓인 자작나무 숲에서 안중근과 동지들이 구

러시아 상트페테르부르크 여름궁전의 자작나무숲. 다른 나무와 어우러져 있는데, 지금도 이 멋진 숲을 보며 느낀 기분이 생생하다.

국 투쟁을 맹세하며 손가락을 자르는 단지동맹 장면으로 시작된다. 이 장면에서 안중근은 이런 가사의 노래를 부른다.

> 내 조국의 하늘 아래 살아갈 그날을 위해
> 수많은 동지들이 타국의 태양 아래 싸우다
> 자작나무 숲으로 사라졌습니다
> 그들의 간절했던 염원이
> 하늘을 감동시킬 수 있도록
> 뜨거운 조국애와 간절함을 담아
> 저 안중근 이 한 손가락 조국을 위해 바치겠습니다

북한의 시인 백석이 1938년에 쓴 시 중에 「백화(白樺)」라는 시가 있다. 백화는 자작나무를 한자식으로 표기한 것이다.

> 산골집은 대들보도 기둥도 문살도 자작나무다
> 밤이면 캥캥 여우가 우는 산도 자작나무다
> 그 맛있는 메밀국수 모밀국수를 삶는 장작도 자작나무다
> 그리고 감로같이 단샘이 솟는 박우물도 자작나무다
> 산 너머는 평안도 땅도 뵈인다는 이 산골은 온통 자작나무다

향
나
무

귀 한   향 기   때 문 에
수 난   겪 는   향 나 무

　　인간의 삶과 관련된 모든 것은 사람들이 가진 욕망이나 가치
관의 영향을 받는다. 인간의 이해나 필요 여부에 따라 보호를 받
기도 하고 피해를 보기도 한다. 나무 역시 그렇다. 향나무는 그
대표적 나무에 해당하는 것 같다. 경주 양동마을 월성 손씨 종택
인 서백당 사당 앞마당에 있는 향나무는 매우 멋지고 인상적인
향나무로 기억한다.

양동마을
서백당 향나무

경주 양동마을은 월성 손씨와 여주(여강) 이씨 집성촌이고, 그 대표적 인물은 양민공 손소와 회재 이언적이다. 성리학의 대학자 이언적은 손소의 외손이다. 양동마을의 손씨 입향조인 손소가 이 마을에 처음 지은 집이 손씨 대종택인 서백당(書百堂)이다. '서백'은 참을 인(忍) 자를 100번 쓴다는 의미다. 손소가 처음 자리 잡은 서백당 터는 '삼현지지(三賢之地)'라고 하는 명당인데, 손소의 아들 손중돈과 이언적이 이곳에서 태어났고, 또 한 사람의 현인은 아직 태어나지 않았다고 한다.

손소는 세조 때 이시애의 난을 토벌하는 데 세운 공으로 적개공신이 되고, 4대 봉사(奉祀) 후에도 신주를 묘에 묻지 않고 영원히 기제사를 지낼 수 있는 불천위(不遷位)의 지위를 받았다. 서백당에는 손소의 신주를 영원히 봉안하고 제사를 모시는 사당이 있는데, 이 사당 앞마당에 거대한 향나무가 있다. 바로 서백당 향나무다. 손소가 1459년 서백당을 지을 때 심은 나무라고 전해진다. 손소의 불천위 제사를 비롯해 이 종택에서 대대로 지내온 제사의 분향에 사용되어온 나무다. 후손들이 조상 제사를 위해 대대로 돌보며 키운 덕분에 멋진 고목의 풍모를 자랑하며 지금까지 건강하게 자라고 있다.

경주 양동마을의 서백당 마당에 있는 서백당 향나무.
왼쪽에 손소 불천위 사당이 보인다.

이 향나무는 불천위 신주처럼 사람의 지극한 보호를 받으며 앞으로도 오래오래 그 자리를 지킬 것으로 보인다. 향나무는 좋은 향기를 내는 덕분에 서백당 향나무처럼 사당이 있는 종택이나 서원, 궁궐 등에 많이 심었다. 그래서 지금도 그런 곳에 향나무 노거수가 많이 남아 있다.

수난의
울릉도 향나무

서백당 향나무처럼 사람의 돌봄을 받으며 귀한 대접을 받아온 나무도 있지만, 향나무는 귀한 향기 때문에 오히려 무자비하게 희생을 당하기도 한다. 그 좋은 예로 울릉도 향나무를 꼽을 수 있다. 옛 기록을 보면 울릉도에는 향나무가 정말 많았다고 한다. 조선시대 왕실에서 제사를 지낼 때 향나무를 울릉도에서 가져와 사용했고, 1882년의 기록을 보면 울릉도에는 '자단(섬피나무)과 향목(향나무)이 가장 많다'라는 구절이 있다.

이랬던 울릉도 향나무는 왜구와 일제의 도벌, 해방 후 연료 채취, 공예 및 분재 소재용으로 남벌되면서 급감하게 되었다. 일제 시절 한 사진을 보면, 주변에 베어낸 향나무 거목들이 즐비한 산등선에 한 벌목꾼이 쉬고 있고, 벌목한 향나무 주위에 서 있는

2022년 태풍 힌남노로 인해 뿌리째 뽑힌 울릉도 도동 향나무.
ⓒ 울릉군

나무도 대부분 향나무임을 확인할 수 있다. 그 결과 지금은 사람
이 접근하기 어려운 험준한 절벽 상부에 국지적으로 남아 있는
게 현실이다. 저런 곳에 어떻게 뿌리를 내리고 버티나 하는 생각
이 드는 울릉도 향나무를 보면 그 생명력을 실감하게 된다. 그러
나 이런 생명력에도 한계가 있을 수밖에 없다. 2022년 여름 불어
닥친 제11호 태풍 힌남노에 의해 울릉도 관문 도동항 절벽 위에
자라던 수령 2,000년으로 추정되는 향나무가 뿌리째 뽑혀 쓰러

졌다. 이 나무는 생존 가능성이 희박해 뽑힌 그대로 현장에 존치하는 방향으로 전문가들이 결론을 내렸다고 한다. 울릉도에 남은 다른 천연기념물 고목 향나무들도 얼마나 버틸지 걱정이다.

2023년 10월에 울릉도에 다녀왔다. 2박 3일 동안 섬 일주도로를 돌며 곳곳의 명소를 돌아보았다. 특히 향나무에 관심을 가지고 가는 곳마다 유심히 봤는데, 울릉도는 정말 향나무의 섬이라고 해도 될 듯했다.

가장 먼저 둘러본 도동항 주변 절벽만 봐도 가장 많이 눈에 띄는 초목이 울릉도 해국과 크고 작은 향나무였다. 절벽 산 위에는 1,000년이 넘었다는 향나무들도 눈에 들어왔다. 통구미항 향나무 자생지로 불리는 통구미항 주변 산에는 특히 향나무가 많았고, 해안가에 있는 거북바위에도 향나무가 많이 자라고 있었다. 도동항 반대편인 섬 서쪽에 있는 대풍감 또한 향나무 자생지로 유명하다. 바람을 기다리는 언덕이라는 의미의 대풍감은 바다 쪽으로 돌출된 기암절벽 산인데, 이 대풍감은 향나무들로만 덮여 있었다. 또한 명소 중 하나인 삼선암을 비롯해 해안에 솟은 크고 작은 바위나 해안 절벽 곳곳에서 향나무를 쉽게 볼 수 있었다.

울릉도는 이처럼 귀한 향나무 군락이 장관을 이루는 곳으로, 깎아지른 절벽 등 험준한 곳에 향나무가 주로 분포하고 있다. 울릉도 향나무는 보존 가치가 높아 지역 내 향나무 군락 중 통구미 향나무 자생지와 대풍감 향나무 자생지가 천연기념물로 각각 지

향나무가 많이 자라고 있는 울릉도 대풍감.
천연기념물로 지정된 향나무 자생지다.

멀리서 바라본 대풍감 모습.

정되어 보호받고 있다.

서백당 향나무와 수난의 울릉도의 향나무 사례를 보며, 인간과 자연의 관계를 새삼 생각해보게 된다. 인간과 자연이 서백당 향나무처럼 서로 도움을 주며 상생하는 관계가 되면 좋지 않겠는가.

울진 후정리
향나무

경북 울진군 죽변면 후정리 마을 도로 옆에도 멋진 향나무가 자리하고 있다. 밑둥치에서 두 줄기로 갈라져 비스듬히 자란 이 향나무는 그 자태가 범상치 않다. 하지만 차량 통행이 많은 도로 바로 옆에 있어 그 분위기가 제대로 살아나지 못해 아쉬운 마음이다. 한 줄기는 비교적 곧게 자라고 있으며, 높이는 11미터 정도이고, 가슴 높이의 줄기 지름은 1.25미터. 다른 한쪽은 비스듬히 자라고 있고, 위쪽은 수평거리로 8미터 정도 떨어졌다. 높이는 10미터, 가슴 높이의 줄기 지름은 94센티미터 정도이며, 1964년 1월 31일에 천연기념물로 지정되었다.

향나무 옆에는 서낭당이 있고, 근처에는 이 나무의 종자에서 퍼진 향나무가 몇 그루 더 자라고 있다. 주민들 사이에는 이 나무

울진 후정리 향나무. 울진군 죽변면
후정리 도로변에 있다.

가 울릉도에서 자라던 것이 파도에 밀려와 자랐다는 전설이 전해 오고 있다.

이 향나무에서 좀 멀어진 죽변면 화성리에도 수령 500년 정도로 추정되는 향나무 고목이 한 그루 있다. 높이 13.5미터, 둘레 4.47미터로, 마을 뒤편 산자락에서 자라고 있다. 언제 누가 심었는지는 알지 못한다.

송광사 쌍향수와
창덕궁 향나무

생각만 하고 아직 찾아보지 못한 향나무이지만, 우리나라에서 가장 뛰어난 향나무로 꼽히는 나무가 있다. 전라남도 순천 송광사 천자암의 '쌍향수(雙香樹)'다. 천연기념물로 지정된 곱향나무인 이 향나무는 매우 특이하게도 닮은 두 그루 향나무가 쌍둥이처럼 자라고 있어 쌍향수로 불린다. 송광사 스님이었던 보조국사 지눌과 그의 제자 담당국사가 중국에서 수도하고 돌아오면서 짚고 온 지팡이를 꽂아 자라난 나무라는 전설이 전해진다. 땅에서 뻗어 나온 줄기가 용틀임을 하며 자란 모습이 아주 특별하다. 이 향나무의 수령은 800년 정도로 추정되고 높이는 13미터 정도다.

천연기념물로 지정된 서울 창덕궁의 향나무도 대표적 고목

울진 화성리 향나무. 울진군 죽변면 화성리 산자락에
자라고 있다.

향나무다. 수령은 750년 정도. 2010년 태풍으로 인해 손상을 입었다. 뿌리 부분 둘레는 5.9미터이고, 가지는 동서남북으로 하나씩 뻗어 있는데, 남쪽 가지는 잘렸고, 북쪽 가지는 죽었으며, 동쪽 가지는 꼬불꼬불한 기형으로 자랐다. 나무의 모양은 마치 용이 하늘을 오르는 모습처럼 생겼다.

안동시 와룡면 주하리에 있는 진성 이씨 주촌종택 앞마당에는 특이한 모양의 향나무 고목이 자라고 있다. 큰 양산을 펼쳐놓은 것처럼 마당을 가득 채우고 있는 뚝향나무다. 뚝향나무는 향나무와 비슷하지만 똑바로 사라지 않는다. 줄기가 어느 정도 위로 자란 뒤 더 이상 위로 자라지 않고 모든 줄기와 가지가 수평으로 자란다. 그래서 가지가 처지지 않게 받쳐야 한다.

주하리 뚝향나무는 수령이 600년 정도 된다. 1.5미터 높이에서 사방으로 퍼진 줄기들의 직경 길이가 13미터나 된다. 높이 3.2미터, 굵기는 2.25미터 정도이며, 가지가 아래로 처지는 것을 막기 위해 수십 개의 받침대를 세워서 관리하고 있다. 천연기념물로 지정되어 보호받고 있다. '경류정노송(慶流亭老松)'으로 기록이 전해오는 이 뚝향나무는 조선 세종 때 선산부사를 지낸 이정이 평안북도 정주판관으로 약산산성 공사를 마치고 귀향할 때인 1435년에 가지고 와서 심은 것이라고 한다.

이와 비슷한 형태의 향나무로 밀양 무안리 향나무가 있다. 밀양 무안리 표충비각 뜰 한가운데에 있는데, 수령은 300년 정도

안동 주하리 뚝향나무. 안동시 와룡면 주하리
진성 이씨 주촌종택 마당에 있다.

밀양 무안리 향나무. 밀양시 무안면 무안리에 있는 표충비각 앞에 있다.

로 추정되며, 높이 1.5미터, 가슴 높이 둘레는 1.1미터다. 1738년 사명대사 유정의 5대 제자인 남붕선사가 대사의 충훈을 기리기 위해 밀양 영취산에 이전부터 세워져 있던 표충사를 다시 크게 지었고, 그 후 1742년에는 그곳에서 동쪽 10리 떨어진 이곳에 비석과 비각을 건립했다. 이때를 기념하여 표충비각 앞에 심은 향나무라고 한다.

향나무는?

향나무는 전 세계에 100여 종이 자생하고 있다. 우리나라에서는 울릉도, 동해안, 동강, 의성 등 해안 절벽이나 하천 절벽에 자생한다. 향이 독특하고 싱그러우며 강렬해 향으로 사용되는 나무다. 그뿐만 아니라 목재 조직이 치밀하고 결이 고와 가구와 예술품 소재로도 사용된다.

한자 이름으로는 향목(香木), 백진(柏槇), 향백송(香柏松) 등 여러 가지가 있다. 향나무 잎에는 두 가지 형태가 있다. 하나는 바늘 모양(침엽)이고, 다른 하나는 비늘 모양(인엽)이다. 이 두 가지 잎은 한 나무에 함께 나기도 한다. 암수딴그루나 암수한그루인 경우도 있으며, 꽃은 4월에 피고 둥근 열매를 맺는다.

뚝향나무는 일반 향나무와 달리 줄기가 바로 서지 못하고 가

울릉도 도동항 절벽 위에 자라고 있는 향나무 군락.

지가 수평으로 퍼지며 침엽과 인엽을 함께 가진다. 눈향나무는 대부분이 인엽이고, 줄기가 땅을 기며 높은 산 바위틈에서 자란다. 섬향나무는 줄기가 땅 표면을 기고 대부분이 침엽이며, 주로 해안에 분포하고 있다. 향나무는 강한 향기를 내는데, 이것을 불에 태우면 더 진한 향기를 내므로 제사 때 향료로 널리 쓰인다.

금강산 기행

상 팔 담

가 는 길

산 위에 산 솟으니 하늘에서 땅이 나왔나

물가에 물 흐르니 물 가운데 하늘이로세

이 몸이 창망히 허공 속에 있으니 안개나 연기도 아니요 신선도 아

니더라

천하 사람들이 이르기를 고려국에 태어나 금강산을 한번 보고 싶

다 한다더니

금강산에 와보니 일만이천 봉우리 구슬이로다

구룡폭포 가는 길 왼편으로 보이는
바위에 새긴 글씨들.

김삿갓이 금강산을 읊은 것이라며 북한의 금강산 안내원이 들려준 시다. 사진이나 그림으로만 보던 금강산을 오를 기회가 있었다. 2005년 6월 초의 일이다. 겸재 정선의 뛰어난 솜씨로 그린 그림이나 수많은 시인들이 남긴 시를 보고 읽으면서 상상해보던 금강산의 수려함을 직접 눈으로 확인할 수 있었다.

감탄이 절로 나오는
물빛·적송·바위의 어우러짐

외금강의 초여름 금강산 풍광은 '미인송(美人松)'으로 불리는 적송의 붉은색과 흰 바위, 옥빛의 맑디맑은 물, 신록의 초록빛이 어우러져 빚어내는, 말 그대로 신선이 노닐 만한 선경이었다.

숙소인 금강산호텔에서 차를 타고 외금강 코스의 하나인 구룡연 계곡을 가기 위해서는 신계사 앞을 지나게 된다. 신라 고찰 신계사로 들어서는 길목에는 아름다운 소나무들이 길게 늘어서 사열하듯 관광객을 맞이한다. 남한의 대한불교조계종이 2004년 11월에 복원한 신계사 대웅전 앞에 서면, 미인송이 펼쳐진 숲 위로 멀리 보이는 외금강 봉우리의 풍광이 눈에 들어온다. 그야말로 장관이다.

신계사에서 차를 타고 숲길을 5분 정도 올라가 차에서 내리

신계사에서 바라본 금강산.

금강산 신계사 대웅보전.
한국 조계종이 2004년에
복원했는데, 신계사는 남
북 불교 교류의 대표적 사
례이자 남북 협력 사업의
대표 모델로 꼽히고 있다.

면 선경에 들어선다. 계곡에 들어서면 우선 맑은 물과 그 빛깔에 탄성이 절로 나온다. 흰 바위 사이로 흐르는 맑고 투명한 옥빛, 비취빛 물은 보는 이로 하여금 세상에 이렇게 맑고 고운 빛깔의 물도 다 있구나 싶은 생각이 들게 할 정도다. 이런 금강산 계곡물을 보고 옛사람들은 '떨어지면 폭포요, 흐르면 비단필이다. 흩어지면 백옥이고, 모이면 담소이며, 마시면 몸에 좋은 약수이니라'고 읊었다.

구룡연까지 4킬로미터 정도의 구간은 가파른 곳이 거의 없어 누구나 어렵지 않게 걸을 수 있는 코스다. 등산로나 그 주변은 침도 뱉기 부끄러울 정도로 깨끗해 산행의 즐거움을 더해준다. 계곡을 따라 올라갈수록 수려함을 더해가는 선경은 시선을 바쁘게 만든다. 옥빛 담소와 미인송의 멋진 자태, 깨끗하고 잘생긴 바위가 어우러진 계곡을 따라 곳곳에 보이는 폭포들이 상쾌함을 더한다. 숲길을 나와 고개를 들면, 초여름 신록과 미인송의 붉은빛이 어우러진 기암 봉우리가 푸른 하늘을 배경 삼아 무아지경의 절경으로 다가온다.

구룡폭포와
상팔담

수정 같은 맑은 물이 누운 폭포를 이루며 구슬처럼 흘러내리는 옥류동을 만났다. 옥류동을 지나 한참 걷다 보면, 82미터 높이에서 흰 물줄기가 아름답게 떨어지는 구룡폭포와 폭포 아래 구룡연을 만나게 된다. 아홉 마리 용이 살았다는 구룡폭포와 구룡연은 '우리나라 3대 명폭 중에서도 으뜸가는 폭포'라고 한다. 또한 구룡연의 깊이는 13미터나 된다고 한다.

폭포 앞에서 맑고 시원한 바람을 맞으며 장쾌하고도 아름다운 폭포를 감상하는 멋도 각별하지만, 이 코스의 하이라이트는 폭포 위에 있는 상팔담을 구룡대에서 내려다보는 풍광이다. 이런저런 이유로 구룡폭포만 보고 내려가는 사람들이 많지만, 고생을 좀 하더라도 구룡대까지 오르면 정말 잘 올라왔다는 생각이 안 들 수 없는 절경이 펼쳐진다.

구룡폭포를 보고 다시 내려오다 왼쪽으로 계곡을 건너 800미터 정도의 가파른 계단을 고생하며 올라가야 하지만, 절경이 주는 기쁨은 고생을 충분히 보답하고도 남는다. 해발 880미터 구룡대는 계곡에서 150미터 정도 되는 가파른 절벽 위의 전망대 바위 봉우리다. 그 위에서 내려다보는 상팔담은 여덟 개의 아름다운 옥구슬을 꿰어 계곡에 던져놓은 듯하다.

구룡폭포 위 전망 바위 봉우리인 구룡대에서
내려다본 금강산 상팔담.

금강산 상팔담 위쪽
풍경.

　　연이어 있는 옥빛 담소와 신록이 수놓고 있는 흰 바위산, 그
리고 눈을 들면 펼쳐지는 세존봉을 비롯한 수백 개의 봉우리들을
보면, 중국의 소동파가 '원하노니 고려국에 태어나 금강산을 한
번 보고 싶다(願生高麗國 一見金剛山)'라고 한 것이 괜한 말이 아
니라는 사실을 실감한다.

금강산 구룡폭포.

구룡폭포를 그린 김홍도의 '구룡연'.

　　구룡폭포에 있는 여덟 개의 담소인 상팔담에는 금강산 팔선
녀 전설이 서려 있기도 하다. 포수에게 쫓긴 사슴을 숨겨준 노총
각이 사슴이 알려준 대로 상팔담에 내려와 목욕하는 여덟 선녀
중 막내 옷을 감추어 하늘로 못 올라가게 했고, 그 선녀와 짝을
지어 아들과 딸을 낳고 행복하게 살았지만, 숨겨둔 날개옷을 보
여주자 선녀가 두 아이를 데리고 하늘로 올라가 다시는 내려오지
않았다는 옛이야기다. 그 후로는 선녀들이 두레박으로 물을 떠
목욕을 한다고 한다.

옛사람이 즐겼던
발연 물미끄럼 놀이

예로부터 우리나라 명산으로는 묘향산, 금강산, 두류산(지리산)을 꼽는다. 묘향산은 웅(雄), 금강산은 수(秀), 두류산은 비요(肥饒)를 꼽는다고 했던 것에서도 알 수 있듯이, 금강산은 진작부터 빼어난 아름다움으로 사랑을 받은 산이다. 인간세계의 경지가 아닌 금강산을 찾은 옛사람들이 즐겼던 놀이로 '수희(水戲)'라고도 불렀던 물미끄럼 놀이가 있었다.

신라 진표율사가 창건한 금강산 발연암 부근의 폭포에서 승려들이나 금강산을 찾은 선비들이 매끄러운 바위 위로 흐르는 물살을 타고 내려오며 즐기는 놀이였다. 옛 기록을 보면 양반 체면에 승려들이 보고 웃는 것도 아랑곳하지 않고 즐길 정도로 재미있었던 모양이다.

폭포의 길이는 대략 마흔 걸음 정도 된다. 중들이 물놀이를 좋아해 위에서 아래로 물을 타고 미끄러져 내려왔다. 어떤 자는 머리를 앞으로 하고 발을 뒤로 하기도 했고, 어떤 자는 발을 앞으로 하고 머리를 뒤로 두기도 하면서 옆으로 비끼고 뒤집어지고 하다가 아래에 이르러야 멈춘다. (중략) 물속 바위들이 미끄럽기가 기름 같으므로 온종일 놀아도 상처를 입거나 뼈가 부러지는 사람이 없다.

화가 강요배가 그린 '금강산 구룡폭포'.
2021년 10월 대구미술관에서 열린 그의
작품전에 전시된 작품이다.

이원의 『유금강록』에 나오는 기록이다. 성제원이 1531년 5월
금강산을 다녀온 뒤 남긴 또 다른 『유금강록』에는 이런 기록이
있다.

절의 승려와 함께 발연에 갔다. 암석은 둥글고 널찍하여 길이가 200여 자이고 너비는 100자쯤 된다. (중략) 승려들이 나뭇가지를 꺾어 엉덩이에 깔고 앉아 두 다리를 펴고 합장하며 앉아 있다. 위의 물이 흐름에 따라 아래로 내달리는데, 못에 닿기 몇 자 앞에 조그만 구덩이가 있어서 물이 구덩이를 만나면 소용돌이를 치다가 바로 쏟아져 나오니 또 하나의 기이한 경치다. 발연폭포라고 한다. 배우지 않은 사람은 반드시 뒤집어져 흘러 내려간다고 하여 크게 웃었다.

금강산 해금강 풍광.

금강산
안내원

금강산 관광에서 색다른 재미를 주는 존재가 있다. 금강산 곳곳을 안내해주는 북한 안내원이다. 모두 여자들이다. 남북 교류가 다시 단절된 지금은 만날 수 없지만.

삼일포에서 안내원이 해준 말이다.

봄과 여름에는 보트 놀이를 하고, 낚시도 많이 합네다. 1미터 넘는 고기도 많은 데다 물 반, 고기 반으로 낚시 드리우면 사람이 고기밥이

구룡폭포 위에서 보는 금강산 풍광.

될 판입네다. 겨울에는 1미터 두께로 얼음이 얼어 스케이트도 타고 하는데, 남측 사람들이 오기 시작하면서 남측 사람들의 통일 열기로 지금은 얼음 두께가 30센티미터도 될까 말까 합네다.

북한 말과 남한 말의 차이를 말하며 들려주는 사례도 재미있다. 애연가는 '담배질꾼', 살 빼는 것은 '몸 깐다', 거스름돈은 '각전', 서명하다는 '수표하다'로 말한다고 한다. 상팔담 위 구룡대 안내를 맡고 있는 안내원에게 누가 기념사진을 찍자고 하자 "지금은 복무 중이라 안 되고, 나중에 좋은 날이 오면 마음 놓고 찍읍시다. 머지않아 그날이 올 것이며, 그때 지겹도록 실컷 찍읍시다"라고 했단다.

금강산 안내원은 남과 북의 괴리감을 다시 한번 확인시키는 가운데 색다른 즐거움을 던져주는 존재였다.

수류화개(水流花開)

초판 1쇄 발행   2024년 3월 29일

지은이   김봉규

펴낸이   오세룡
편집   허 승 여수령 정연주 손미숙 박성화 윤예지
기획   곽은영 최윤정
디자인   조성미
              고혜정 김효선 최지혜
홍보 · 마케팅 정성진

펴낸곳   담앤북스
주소   서울특별시 종로구 새문안로3길 23 경희궁의 아침 4단지 805호
전화   02)765-1250(편집부) 02)765-1251(영업부)
전송   02)764-1251
전자우편   dhamenbooks@naver.com

출판등록   제300-2011-115호

ISBN 979-11-6201-420-4 03910
정가 16,800원